www.tredition.de

AF198103

Beatrix Schulte

Die Stille zwischen den Worten

10 Minuten Freies Schreiben nach
Impulsen und Sinnbildern

www.tredition.de

© 2021 Beatrix Schulte
www.meine-schreibbar.de

Lektorat: Klara Schulte

Covergestaltung: Beatrix Schulte

Verlag und Druck:
tredition GmbH, Halenreie 40-44, 22359 Hamburg
ISBN
Paperback: 978-3-347-41402-0
Hardcover: 978-3-347-41403-7
e-Book: 978-3-347-41404-4

Die Autorin:

Beatrix Schulte, M.A., geb. 1970, Philosophin, Sachbuchautorin, Lektorin und Schreibtrainerin für Erwachsene und Kinder. Ihr Schwerpunkt liegt auf dem Freien Schreiben als eine Form der Bewusstwerdung. 2017 erschien im Lingen Verlag Köln ihr Buch: Die Seelenfeder. Auf ihrem Blog www.meine-schreibbar.de/stammtisch bietet sie kostenlos und unverbindlich dreimal in der Woche Online-Schreibtreffen an, nach denen sie Fragen rund ums Schreiben, Lektorieren und Veröffentlichen beantwortet.

„Und wenn aus dieser Wendung nach innen, aus dieser Versenkung in die eigene Welt Verse *kommen, dann werden Sie nicht daran denken, jemanden zu fragen, ob es gute Verse sind. (...) Ein Kunstwerk ist gut, wenn es aus Notwendigkeit entstand. In dieser Art seines Ursprungs liegt sein Urteil: es gibt kein anderes.“*

Rainer Maria Rilke: Briefe an einen jungen Dichter

Für meine „Focusmates":

Jessica, Kathrin, Klara, Marie und Julia

Inhalt

Einleitung

Ich freue mich, dass ihr den Weg zu meinem Buch gefunden habt und hoffe, es wird euch beim täglichen Schreiben ein wertvoller Begleiter sein. Vielleicht werden so, wie bei mir, aus den anfänglichen 10 Minuten bald 20, 30 und mehr Minuten, bis ihr das Schreiben fest im Leben verankert habt.

Und nein, es kommt jetzt keine Geschichte darüber, dass Schreiben mein ganzes Leben verändert hat und ihr ganz leicht euer Leben verändern könnt, wenn ihr genug von dem einen tut und dafür das andere lasst. Das Leben, so wie es mir bis jetzt begegnet ist, lässt sich nicht kontrollieren. Das Einzige, was wir beeinflussen können, ist die Verbindung, die wir zu diesem unperfekten, holprigen, überraschenden, einmaligem Leben haben.

Diese Verbindung entsteht im Freien Schreiben, wenn es zwischen den Worten still wird in uns. In diese Stille hinein legen wir unsere Hingabe, unsere Werte, unsere Talente, unsere Leidenschaft, unseren Mut, unsere Hoffnung und Liebe. Was aus der Stille aufsteigt, ist unser wahres, lebendiges Selbst.

Hier ist der Ursprung grenzenlos sprudelnder Schöpferkraft, die jeden Menschen zum Künstler macht. Der Punkt am Ende des Satzes bestätigt unsere Einzigartigkeit und versöhnt uns gleichzeitig mit dem, was uns vom Leben trennt. Wir heben den Kopf, atmen durch, lächeln und wissen: Ich bin.

Ich freue mich, wenn ich mit diesem Buch, das durch das Stipendienprogramm „Auf geht`s" des Landes NRW geför- dert wurde, eure Freude an dem Freien Schreiben wecke und ganz besonders freue ich mich, wenn ich euch persön- lich bei meinen kostenlosen Online-Schreibtreffen ken- nenlerne (www.meine-schreibbar.de/stammtisch).

Eure Beatrix Schulte

Formen des Schreibens

Das Schreiben mit der Hand

Mir bedeutet das Schreiben mit der Hand mehr als das Schreiben auf der Tastatur eines Computers, denn jedes handgeschriebene Wort formt mein Inneres, verbindet mich mit meinem Herzen, lässt mich entspannt aufatmen, macht mich bewusster für den Moment und erinnert mich an das, wozu ich auf der Welt bin.

Forschungen belegen, dass wir uns das mit der Hand Geschriebene besser merken und Zusammenhänge besser erkennen, als wenn wir z.B. einem Vortrag nur zuhören. Mit dem Schreiben trainieren wir das Denken, denn wir entfalten ein Argument nach dem anderen, wir bauen unser Wissen aufeinander auf und verbinden und ordnen die einzelnen Erkenntnisse miteinander. Wir trainieren beide Gehirnhälften und bringen Intuition zusammen mit unserem klaren Verstand. Wer wenigstens 10 Minuten am Tag mit der Hand schreibt, tut also etwas für seine Kreativität, sein inneres Wachstum, seinen äußeren Erfolg und sein Seelenleben und blickt mit Freude auf einen Text, der einen bleibenden Wert hat.

- Probiere Bleistifte, Fineliner, Kugelschreiber, kariertes oder liniertes Papier, Ringbuch oder Heft aus. Dehne dein Handgelenk regelmäßig und passe dich im schnellen oder langsamen Schreiben deinen Gefühlen an. Manchmal drücken wir den Stift zu hart auf, manchmal schweben wir über das Papier.

Freies Schreiben für 10 Minuten

Das 10 Minuten Freie Schreiben dient dazu, unseren Geist zu durchlüften und ihn so auf frische, neue Ideen vorzubereiten. Wir zücken den Bleistift und erfassen alles, was sich uns zeigt. Was freut uns, was denken wir gerade, was sorgt uns und was wünschen wir uns? Wir werden zum Zuschauer, wenn die ungezügelten Gedanken sich austoben. Mit der Zeit bekommen wir Übung darin, wie unsere Gedanken funktionieren und was sie auslösen. Wir erkennen die alten Verstrickungen und legen sie ab. Mit diesem regelmäßigen Schreiben trainieren wir nicht nur unseren Schreibmuskel, sondern unser gesamtes kreatives Bewusstsein, unseren Einfallsreichtum und – das ist später bei der Textbearbeitung das wichtigste – wir trainieren unser Gefühl für den Text.

Stellt vor dem Schreiben einen Wecker auf 10 Minuten ein und haltet euch an die Zeitbegrenzung. Der Vorteil ist, dass sich unter einem gewissen Zeitdruck alles auf den Punkt genau entlädt, was wichtig ist. Oft ist der letzte schnell hingekritzelte Satz, genau das, was uns gerade weiterhilft oder die Idee, auf die wir gewartet haben. Wichtig ist, sich all dem zu öffnen, was auf dem Papier erscheint, denn damit öffnen wir das Herz für uns selbst. Eine bessere Art der Fürsorge und Hygiene gibt es gar nicht.

Während wir uns vom Fluss des Schreibens treiben lassen, strampelt sich unser wahres Ich frei. Wir sind versunken und dabei nicht ertrunken. Indem wir uns von allen Schreibregeln, Zwängen, Formen und Wertungen befreit haben, können wir auch die Kontrolle über das Leben loslassen. Das dadurch entstehende Vertrauen ist der perfekte Zustand des schöpferischen Prozesses, den wir vollkommen genießen, weil wir wissen, dass wir in diesem Moment nichts lieber tun würden.

Wenn ihr 10 Minuten geschrieben habt, legt das Heft beiseite, ohne es nochmal zu lesen oder zu analysieren. Ein paar Tage später könnt ihr mal reinschauen, etwas unterstreichen, was euch anspricht und gerne auch Fragmente daraus zu einem Gedicht bearbeiten oder es als Grundlage für eine Kurzgeschichte machen. Die voll beschriebenen Hefte müssen nicht aufbewahrt werden, wobei Teile davon sicher auch später noch interessant sind. Vielleicht werdet ihr die Erfahrung machen, dass das, was ihr aufgeschrieben habt, längst erledigt ist und es eher langweilig ist, das nochmal zu lesen.

- Schreib 10 Minuten frei nach dem Impuls: „Ich denke..." oder „Ich fühle...", wobei du den Anfang immer wiederholen kannst.

Innerer Dialog

Das Schreiben als Innerer Dialog hilft dabei, unterschiedliche Persönlichkeitsanteile besser zu verstehen. Es gestaltet sich als ein lockeres Gespräch mit unserer Intuition, dem schlechten Gewissen oder dem inneren „Schweinehund."

Sollten wir gerade hastig und maßlos essen und plagt uns danach das schlechte Gewissen, könnten wir eine Art

„Frage und Antwort-Runde" aufschreiben, bei der es darum geht, die Beweggründe herauszufinden, warum ein Teil von uns das hastige Essen gerade braucht. Lasst euch von eurer Intuition leiten, schreibt alles auf, was euch einfällt, auch wenn es Unsinn zu sein scheint. Dadurch, dass die Bedürfnisse beider Wesensanteile nicht mehr unterdrückt und verurteilt werden, sondern auf dem Blatt sichtbar gemacht und angenommen werden, stellt sich eine innere Entspannung ein.

- Schreib über 3 Tage immer mal wieder ein paar Minuten einen Inneren Dialog mit deinem „Schweinehund", der Trägheit oder einer Schreibblockade. Behandele sie wie eine eigene Person, mit der du zu Beginn schimpfst, wütest oder die du anklagst. Dann lass ein Gespräch entstehen, indem der „Schweinehund" erklärt, warum er lieber auf dem Sofa liegt anstelle aktiv zu werden.

Nach Sinnbildern schreiben

Bilder wirken sich direkt auf unsere Gefühlswelt aus, man könnte sagen, jedes Bild erweckt auch ein bestimmtes Gefühl oder sollten wir eher sagen, eine ganze Kette von Gefühlsreaktionen? Warum haben Bilder so eine Kraft und führen in Sekundenschnelle ein so rasantes Eigenleben?

Die rechte Gehirnhälfte, die für die Intuition und Kreativität verantwortlich ist, wird durch Bilder aktiviert. Gerade in Träumen erleben wir eine wahre Flut an unbewussten Bildern. Viele Therapien arbeiten mit inneren Bildern, die wie kleine Filme in uns ablaufen. Die Heilung besteht darin, die traumatischen Bilder durch neue zu ersetzen, um Gefühle eines Traumas zu verarbeiten oder eine Verhaltensänderung herbeizuführen.

Ich lasse in meinen Schreibkursen gerne zumindest mit einer Aufgabe nach Sinnbildern schreiben, weil wir uns so auf spielerische Art und Weise näherkommen und diese Nähe sich untereinander ausbreitet. Wenn wir nach Bildern schreiben, finden wir eher Worte für das, was innerlich festhängt. Wir lernen anhand eines zunächst harmlosen Bildes frei zu schreiben und geben unserem Unterbewussten die Bühne, auf der es all das zeigen kann, was gerade von Bedeutung ist.

In diesem Sinne möchte ich vor allem eure Freude am spielerischen Umgang mit dem bildhaften Schreiben wecken. Ich möchte euch zum Tanz mit den Wörtern auffordern und mit euch gemeinsam übers Parkett gleiten. Ich möchte die, die sich nicht aufs Parkett trauen, immer wieder mit einem aufmunternden Lächeln an die Hand nehmen und beim nächsten Schritt begleiten. Mag der Boden auch mal zu glatt sein, uns ins Wanken bringen, wir verbal ausrutschen, aus dem Takt kommen und uns auf die Füße treten, halten wir uns gemeinsam beim Wiegeschritt fest, bis wir mühelos in den Wechselschritt verfallen.

Schreiben nach Sinnbildern ist herausfordernd und befreiend wie das Leben: ein rauschendes Fest!

- Schreib über dein Leben oder deine Beziehung als Tanz
- „Rhythmus braucht der Text. Der rechte Fuß muss immer wippen", sagt Andrea de Carlo, der

italienische Bestsellerautor und Rockmusiker.
Schreib über den Rhythmus deines Lebens
- Schreib über eine Beziehung und vergleiche sie
  mit einem Wackelpudding

Automatisches Schreiben

Die Surrealisten, eine künstlerische Gruppe um André Breton, Max Ernst, Juan Miró, Salvador Dalí, Paul Éluard oder Pablo Picasso in Paris der 20er Jahre, wollten nur die Kräfte auffangen, die aus den unbewussten Tiefen ihres Geistes kamen, denn sie waren überzeugt, dass der bewusste Verstand es war, der die Menschheit in den Ersten Weltkrieg getrieben hatte. Nun sollten spontane Gefühle sie leiten, um eine übergeordnete, höhere Wirklichkeit zu erschaffen.

Das von ihnen entwickelte Automatische Schreiben, Ecriture automatic, ist intuitives Schreiben, bei dem es auf die inneren Vorgänge ankommt. Dazu gehört das Schreiben in Trance genauso wie Traumprotokolle. Aus einer Art Paranoia entstehen wahnhafte Assoziationen, die den kreativen Schaffensprozess unterstützen. Sie glaubten, mit diesen rauschhaften Schreibexzessen die Gesellschaft von ihren Fesseln zu befreien. Wichtig war ihnen das freie Fließenlassen der Worte, ohne den Stift abzusetzen. Sie hörten auf zu schreiben, wenn mehrere vernünftige Sätze auf dem Blatt erschienen, weil das von der Einmischung durch den Verstand zeugte. Beim Malen lief es ähnlich, sodass Dalí stundenlang vor seiner Leinwand saß und darauf wartete, dass aus seinem Unterbewusstsein Bilder aufstiegen, deren Bedeutung er zunächst nicht erkannte. Alles war darauf ausgelegt, eine neue Haltung gegen die reale Welt der Vernunft aufzubauen. Für Paul Éluard bestand die Kraft der Poesie darin, Worte aus der Ehrlichkeit der Gefühle aufsteigen zu lassen. Sein berühmtes Gedicht „Freiheit" wirft die britische Armee im Zweiten Weltkrieg über das besetzte Frankreich ab: „Durch die Macht eines Wortes beginne ich mein Leben neu...".

- Schreib wie die Surrealisten, indem du zunächst meditierst und dann frei und zwangslos schreibst, ohne den Stift abzusetzen. Lass den Text 2-3 Tage liegen und lies ihn dir nochmal durch. Markiere Sätze und Worte, die in dir etwas anrühren und baue daraus ein Gedicht.

- Kritzele mehrere Minuten lang auf ein Blatt Papier Striche, Dreiecke, Herzen, Quadrate oder Spiralen – alles ist erlaubt. Wenn sich in dir der Wunsch regt, zu schreiben, tue es, ohne den Stift abzusetzen.

Die Sorgenseiten

Ein Blatt Papier ist ein Raum, in dem sich unsere Gedanken und Gefühle frei ausbreiten dürfen. Dieses Schreiben wirkt Wunder, denn wir öffnen uns in dem Moment ehrlich und mutig dem, was in uns ist. Das fördert eine Verbundenheit mit uns selbst, wir fühlen uns durch die schonungslose Offenheit zunehmend befreit, zufrieden und erkennen unseren Wert im Jetzt. Als Folge davon öffnen wir im selben Moment auch einen Raum für eine echte Begegnung mit anderen Menschen, für echtes Zuhören und echtes Verstehen, was übrigens die wichtigste Voraussetzung dafür ist, gute Geschichten zu schreiben. Ich habe vor kurzem einen Satz aus meinen Sorgenseiten, wie ich sie gerne abgewandelt nach den Morgenseiten von Julia Cameron nenne, herausgeschrieben: Ich bin ein besserer Mensch, wenn ich schreibe! So ist es.

Eine andere Folge ist das Aufräumen des Geistes, um Platz für das Schreiben zu schaffen. Schreiben ist hier nichts anderes als ein Blatt zwischen die alltäglichen Gedanken und der freien Seele zu schieben. Beobachten wir die Sorgen und den Schmerz aus dieser Distanz, entfaltet sich die Kraft der Seele. Wir können alles annehmen und entspannen uns. In dieser gelösten Phase sind wir am kreativsten.

Viele grandiose Schriftsteller führten während ihrer Schaffensperiode ein Tagebuch und man erkennt schnell, dass sie genauso lächerliche Gedanken hatten wie wir. Ich wundere mich immer, wenn einigen von ihnen schwere Depressionen nachgesagt werden, weil sie aufgeschrieben haben, was in ihnen vorgeht. Dabei sind sie nur ehrlich und wissen, dass sie nicht kreativ sein können, wenn sie die Dämonen im Kopf nicht annehmen. Sie leben nach dem Grundsatz des Schreibens: Wenn uns das Schreiben auch manches Mal in die Verzweiflung hineinführt, es führt uns immer gestärkter wieder hinaus.

- Schreib über ein verborgenes Geheimnis
- Schreib nach dem Impuls: Das andere Gesicht
- Schreib ein Gedicht, das erste Wort jeder neuen Zeile ist: Niemals, Selten, Manchmal, Immer

Wenn ich schreibe...

Schreiben ist wohltuend

Der japanische Schriftsteller Haruki Murakami begann seinen ersten Roman „Wenn der Wind singt" am Küchentisch. Er wollte einfach seine inneren Bilder in eine präzise Sprache bringen und schrieb hauptsächlich, um sich wohlzufühlen, sagt er. Dass er mit dem ersten Buch gleich einen Preis gewann und noch unzählige Literaturpreise folgen sollten, hinderte ihn nicht daran, auch weiter zu seinem eigenen Vergnügen zu schreiben. Er lebte nach dem Prinzip: Wenn er selbst Freude an seinem Buch hatte, könnten das auch die Leser haben.

Die Hirtin Pia Solèr hat einen Überraschungserfolg mit ihrem kleinen Büchlein „Die Weite fühlen" errungen. Sie, die in den Schweizer Bergen bei ihren Tieren zu Hause ist, schreibt wie keine andere über die Schönheit und Weisheit der Natur. Am Schluss blickt sie in ihrer Hütte zurück auf das Schreiben, das sie nun so lange begleitet hat und stellt überrascht fest, welche Freude sie an den vollgekritzelten Seiten hat, die nun fertig auf dem kleinen Holztisch vor ihr liegen. Schreiben kann „sehr wohltuend" sein, schreibt sie und fügt wehmütig zu, dass sie es sicher vermissen wird.

Wohltuend war das Schreiben für mich bereits mit 11 Jahren, als ich begann, Tagebuch zu schreiben. Hinter der verschlossenen Tür meines Zimmers, das im oberen Stock über der Küche lag, öffnete ich mein Herz Susi und später Ixi, der Sängerin von „Mach mir doch kein Knutschfleck".

Warum ich gerade ihr über viele Jahre alles anvertraute, lag vielleicht daran, dass sie im Gegensatz zu mir einen modernen Haarschnitt und einen schwarzen Minirock mit roter Strumpfhose trug.

Als Kind bedeutete Schreiben für mich in der Tat „lautlos zu schreien", wie es die französische Schriftstellerin Marguerite Duras treffsicher formulierte. Ich wollte nach außen hin nicht auffallen, nicht stören und alles in Harmonie halten. Innere Wut, Angst, Eifersucht und Neid fanden Platz im Tagebuch. Ich beriet mich mit Ixi, folgte den Ergebnissen dieser Debatte und handelte danach. Das Tagebuch hat mich nicht hilflos zurückgelassen, es hat aus mir ein aufgewecktes und interessiertes Mädchen gemacht, bei aller vorhandenen Unsicherheit und Scheu.

Heute hat das Schreiben für mich etwas Berauschendes und Sinnliches. Der Bleistift kritzelt über das Papier und der Mix aus Strichen, Schleifen, Punkten und Pausen ist Musik für meine Ohren. Mehr braucht es nicht als diese schlichte Komposition. Wörter schieben sich unter meiner Hand vorwärts und ich buddele unter unbewussten Gedanken und Gefühlen mein Herz frei wie ein Kind Spielzeuge im Sandkasten. Nirgendwo sonst als im Schreiben erlebe ich die Verbundenheit intensiver mit mir, den anderen und der Welt.

Das mag zum großen Teil an dem handschriftlichen Schreiben liegen, denn die Schrift hat für mich eine Seele, sie ist alt und weise. Sie trägt mich über das Blatt, führt mich und hält mich. Die Schrift besitzt für mich Magie, weil sie fähig ist, meine eigene Seele einzufangen. Und wenn ich meine Seele so nah bei mir habe und sie nicht weg kann, liebe ich das, was ich tue. Schreiben ist für mich eine Form aktiven, lebendigen Liebens.

- Schreib frei nach dem Impuls: Wenn ich zur Schreiblosigkeit gezwungen würde...
- Beschreibe deinen derzeitigen Gemütszustand anhand von Bewegungsbildern wie „auf wackligem Boden stehen" oder „auf leisen Sohlen gehen" oder „schlendern"
- Schreib über einen Schwur, den du als Kind geleistet hast und welche Folgen er heute noch für dich hat

Schreiben ist echt

Janis Joplin, die amerikanische Rocksängerin mit der kratzigen Stimme, hat alles andere als ein beständiges Leben geführt. Sie zählt auf Grund ihres frühen Drogentodes 1970 zum „Klub 27", zu dem Legenden wie Jim Morrison oder Kurt Cobain gehören, weil sie bereits mit 27 Jahren verstarben. Ihr Lebensstil war geprägt von der Hippiezeit: „Live fast, love hard, die young". Auch wenn es um ihre Musik ging, gab sie alles und ließ sich nicht durch Kritik anderer beirren. Sie sagte über Musik, dass es das Einzige war, was sich für sie schon immer ehrlich angefühlt hätte. Wenn sie versunken war in der Musik, fühlte sie sich echt.

Für mich ist es das Schreiben, das sich unter allen Herausforderungen des Lebens immer ehrlich und echt anfühlt. Mehr noch ist das Schreiben die interessanteste, abenteuerlichste und verlässlichste Form des Erlebens. Schreiben gibt mir Sinn und enthebt mich der Lähmung und des Banalen. Ich vermisse nichts, wenn ich schreibe und mich zieht es auch nirgends anders hin. Es hat mich in meinem ganzen Leben nicht im Stich gelassen. Es trägt mich durch jede Krise und ist da, wenn ich es brauche. Der Autor John von Düffel schreibt in seinem Buch „Wovon ich schreibe": „Vielleicht bin ich süchtig nach der Intensität und der Verdichtung von Leben, wie sie im Moment des Schreibens passiert, nach dieser merkwürdigen Steigerung von Wahrnehmen und Empfinden im Moment des Schreibens". Was er Verdichtung nennt, nenne ich Verbindung. Schreiben befriedigt eine grundlegende menschliche Sehnsucht nach einer verlässlichen Verbindung zu sich selbst.

- Schreib frei weiter nach dem Impuls: „Sobald ich schreibe..."
- Schreib darüber, was für dich das Gegenteil von Schreiben ist

Schreiben ist Atmen

Meine Nichte ist eine begnadete Zeichnerin, gestern zeigte sie mir Gesichter, die sie noch um Mitternacht gezeichnet hatte aus einer kreativen Laune heraus. Für sie ist es sowas wie eine Freizeitbeschäftigung. Wenn ich zurückblicke, war das Schreiben für mich nie so etwas. Es war schon immer so wichtig für mich wie das Atmen. Ich hatte keinen Ehrgeiz, aber eine starke Sehnsucht nach Stift, Papier und diese Stille zwischen den Worten.

Heute glaube ich, dass es der einzige Ort war, an dem ich keine Rolle spielen musste. Als Kind erfüllte ich die Erwartungen der Erwachsenen, weil ich sie glücklich sehen wollte. Gelang mir das nicht, fühlte ich mich schuldig und

strengte mich noch mehr an. So bekam ich eine feine An-
tenne für die Bedürfnisse der anderen und erfüllte sie
schon, bevor sie selbst einen Mangel spürten. Das war ein
perfektes Rezept, um mich von meinen eigenen Bedürf-
nissen, Wünschen und Eigenheiten zu entfernen und zur
lächelnden „Ja-Sagerin" und „Zwangsbeglückerin" zu werden.

- Schreib zum Grundsatz der Penaten-Creme: „Wir
  schützen, was wir lieben"
- Schreib frei nach dem Impuls: Wenn ich könnte,
  wie ich wollte...

Schreiben ist Reflexion

Wie schon der Philosoph Leibniz anmerkt, ist die Reflexion
nichts anderes als eine Aufmerksamkeit für das, was in
uns ist. Wer regelmäßig schreibt, lernt, seinen Geist zu beobachten und seine Gefühle zu deuten. Das Blatt schiebt
sich zwischen Geist und Seele und indem sie beide einen
Platz zugewiesen bekommen, können wir aus einer höhe-
ren Ebene darüber reflektieren. Wir lernen, den Geist
nicht abzulehnen oder niederzudrängen, sondern im
Wahrnehmen anzunehmen mit all seinen Regungen,
Wendungen und Irrungen. Die Seele schaut sich das mit
an und lächelt, tröstet, versichert, bleibt. Und beide, Geist
und Seele, können durchatmen.

Mir hat regelmäßiges Schreiben gerade als Jugendliche
das Leben begreifbarer gemacht, denn ich konnte meine
Erlebnisse so besser einordnen. Wenn mir das Leben ent-
glitt wie ein Stück nasse Seife, vertraute ich beim Schreiben darauf, dass es wieder greifbarer wurde. Die Autorin

Barbara Honigmann nennt es in dem gleichnamigen Buch, „das eigene Gesicht wiederfinden". Wir entdecken im besten Fall unsere Einzigartigkeit zwischen den losen und verirrten Worten, und zwar dort, wo es still wird, wo wir allein mit uns sind, und die Wahl haben zwischen Gut und Böse, Liebe oder Angst, Himmel oder Hölle, Dunkelheit oder Licht.

Wenn wir regelmäßig schreiben und dabei lernen, das Licht der Erkenntnis gezielt auf uns zu richten, bleiben weder wir noch die anderen allein im Dunkeln stehen, sondern wir bekommen einen klaren und offenen Blick für unser aller Nöte, Ängste und Schwächen und verstehen sie immer mehr als Bereicherung.

- Schreib über: Das eigene Gesicht wiederfinden
- Schreib über: Der Tag danach

Schreiben ist richtungsweisend

Vor einem Jahr begann ich, jeden Tag schreibend von einem völlig freien Leben zu träumen. Ich schrieb mehrere Wochen hintereinander nach dem Impuls: „Wenn ich alle Zeit und alles Geld hätte...". Kurz nachdem ich alle Wünsche bezüglich Bauernhofs mit Tierheim, Haus am Strand in Spanien vor meinem geistigen Auge durchlebt hatte, ging es eher darum, wie ich meine Fähigkeiten und meinen Geist einsetzen würde, ohne an das Geldverdienen denken zu müssen. Mit spielerischer Freude und ausgelassenem Leichtsinn notierte ich mir alles, was möglich wäre. Nach zwei Seiten schloss ich meistens mit etwas Wehmut das Heft, denn ich war überzeugt, dass so ein freies Leben erst zu meiner Rente möglich wäre, wenn überhaupt. Da ich Spaß daran hatte, wurde es zu einem kleinen morgendlichen Ritual. Aus dem anfänglichen Flickenteppich meiner Träume wurden mit der Zeit immer konkretere und zusammenhängendere Ziele. Nach einer Woche fragte ich mich zum ersten Mal: „Warum machst du das nicht jetzt schon und wartest auf Geld und Zeit?"

Dann kam eine Woche der Krise, denn mir wurde immer klarer, was ich schon lange nicht mehr wollte, es aber meinte, machen zu müssen, weil ich Sicherheit brauchte. Am nächsten Tag wartete wieder der gleiche Satzanfang und ich schrieb drauflos. Es kam mir manchmal vor, als ob mir der liebe Gott lächelnd gegenübersitzt. Ich schrieb und schrieb, irgendwann lächelte ich zurück und es kamen konkrete Ideen, wie ich umstrukturieren und etwas Neues aufbauen könnte.

Wenn mir jemand erzählt hätte, dass sich in einem Jahr mein komplettes Berufsleben auf den Kopf stellen würde, ich hätte müde gelächelt, denn so mutig fühlte ich mich nicht. Doch ich fühlte mich genügend unruhig, um dem Neuen eine Chance zu geben. Ich wusste jetzt, an welcher Stelle ich nicht das tat, wozu ich auf der Welt bin und dem konnte ich nicht entfliehen.

Wichtig ist es, sich Zeit zu lassen und es entspannt und spielerisch anzugehen, nur so minimieren sich die Ängste und Widerstände. Diese zeigen sich plötzlich deutlich auf dem Blatt: „Ich genüge nicht", „Ich brauche Sicherheit", „Wenn ich erfolgreich bin, fühle ich mich nicht mehr zugehörig zu bestimmen Menschen oder Gruppen", „Erfolgreiche Menschen sind einsam", „Schuster bleib bei deinen Leisten". Ist das wahr? Natürlich nicht.

Das Freie Schreiben erreicht unser Unterbewusstsein und richtet die Aufmerksamkeit von der Angst auf das Vertrauen in die eigenen Kräfte. Ohne sich auf ein bestimmtes Ziel festzulegen, können wir die einzelnen Herzstücke unseres Lebens zusammentragen, sie aufeinander abstimmen und miteinander verbinden. Es ist, als ob wir Tag für Tag Stoffreste sammeln und sie aneinander nähen, bis wir eine wunderschöne Decke vor uns ausbreiten, deren einzelne Elemente farblich genau aufeinander abgestimmt sind.

Der Visionär Steve Jobs wäre nicht zu dem geworden, der er war, wenn er nicht radikale Ansichten gehabt hätte: Er stellte sich jeden Morgen mit der gleichen Frage vor den Spiegel: „Wenn heute der letzte Tag in meinem Leben wäre, würde ich das, was ich heute vorhabe, genauso tun?" Die Antwort kam schnell und eindeutig. Wenn er sie mehrere Tage hintereinander verneinte, änderte oder beendete er das Vorhaben.

- Und jetzt du: Schreib über ein paar Wochen locker und fröhlich drauflos: Wenn ich alle Zeit und alles Geld hätte...
- Schreib über eine Herzensangelegenheit
- Erstelle eine Liste deiner aktuellen Wünsche

Schreiben ist untertauchen

Es gibt Bücher, die unsere bereitwillig ausgestreckte Hand ergreifen und uns auf ein kuscheliges Sofa ziehen, während sie uns mit Worten streicheln. Und dann gibt es Bücher, die direkt nach unserer Seele greifen, sie festhalten und ihr Stolz und Würde verleihen. Das sind die Bücher, die man nur in Häppchen genießt wie eine kulinarische Besonderheit. Und deren Geschmack man noch lange in der Erinnerung auskostet. Ein solches Buch verschwindet nicht, ohne Spuren zu hinterlassen.

Eins dieser Bücher war für mich „Untertauchen" von Lydia Tschukowskaja. 1949 geschrieben und erst 1975 ins Deutsche übersetzt von Swetlana Geier, einer ehrwürdigen Dame, auf die ich später noch genauer eingehe. Ich weiß nicht, wie oft ich über die wunderbare Ausgabe von Dörlemann gestrichen habe, vielleicht um dieses Gemisch aus Zartheit und Stärke aufzusaugen, das die Buchdeckel zusammenhält.

Lydia Tschukowskaja verarbeitet in dem Buch literarisch ihre Erlebnisse rund um die Inhaftierung und Ermordung ihres zweiten Mannes, dem Physiker Matwei Bronstein, während des Stalin-Terrors 1937.

Die Hauptfigur Nina Sergejewna schreibt während ihres Aufenthalts in einem Sanatorium für Schriftsteller neben einem offiziellen Projekt an einer geheimen Geschichte. Sie macht viele Spaziergänge im Wald, den sie in Leningrad vermisst: „Und ich liebe auch heute noch den Wald am meisten, (...) nicht solchen und auch nicht nachts, sondern einen Kiefernwald an einem sonnigen Tag. In einem Kiefernwald gibt es sehr viel Himmel, der Wald ist nicht so dicht, und der Himmel spannt sich nicht nur über dem Kopf, sondern überall, wohin auch der Blick fällt. Und es scheint, dass nicht nur die Kiefern, sondern auch der Himmel nach Harz riecht." Sie schwärmt davon, ein Leben auf dem Land zu führen und sinniert darüber, wie schön es wäre, „wenn die Worte, die wir schreiben, aus reinem Sauerstoff geboren würden, wenn das Papier nach Tannennadeln riechen würde."

Schreiben ist für sie „untertauchen", es ist ein „Eintauchen bis auf den Grund", in dem sie diesen heimlichen, „mir allein vernehmbaren Ton, der aus der Begegnung von Stille und Erinnerung geboren wird", einfängt. Und obwohl es sie das Leben kosten könnte und sie keine Hoffnung auf einen Ertrag aus der Arbeit hat, weiß sie, dass das Schweigen sie umbringen würde, denn: „Ich suche Brüder – wenn nicht jetzt, dann in der Zukunft. Alles Lebendige sucht Bruderschaft, und auch ich suche sie. Ich schreibe ein Buch, um Brüder zu finden – und sei es erst dort, in der unbekannten Ferne".
Sie hat unzählige Brüder und Schwestern gefunden und 70 Jahre später habe ich sie in der unbekannten Ferne gefunden und freue mich, dass Schreiben die Zeit überdauert.

- Schreib über deinen Lieblingswald
- Schreib über würdevolle Stille

Künstler bei der Arbeit:
Die Liebe zur Wahrheit

Was Kunst nicht ist

Kunst sollte immer den Stachel der Wahrheit in sich haben, sonst wirkt sie hohl. Das denke ich, als ich zwei anscheinend bekannte Frauen vor einer großen Werbeleinwand sitzen sehe, die beide bis unter die Haarspitzen gestylt sind. Beide haben dieses seltsam unbewegte Gesicht, wie ich es bei vielen Instagrammposts sehe. Ich glaube, es soll geheimnisvoll wirken, wenn sie nicht lachen und an den richtigen Stellen wenigstens durch das Auftragen von Glitter glänzen. Für mich sehen sie aus, als ob sie schmollen, weil sie heute ihren Schokopudding nicht bekommen haben. Als Schlagzeile steht über dem Bild: „Es ist nicht ok, wenn man so tut, als sei alles perfekt!" Ja, meine Damen, das ist ganz und gar nicht ok.

Manchmal frage ich mich ernsthaft, wie Simone de Beauvoir heute auf diese „Welt der schönen Bilder" reagieren würde. Sie würde vielleicht im Pariser Café de Flore sitzen, lächeln und darüber schreiben. Sie würde schreiben, weil es das Einzige ist, was dem trügerischen Schein standhält und echten Sinn verspricht.

- Schreib über Glanz und Glitter
- Schreib über das Funkeln des Lebens
- Schreib über einen Menschen, der dich an den Frühling erinnert

Der erleichterte Sinn des Künstlers

Für den Philosophen Friedrich Nietzsche zählt Kunst zu der einzigen Form der Erlösung zum Lebenkönnen. Ja, mehr noch: Das Leben erweist sich in seinem Innersten als Kunst. Kunst ist für ihn jede schöpferische Gestaltung, die den Schein willentlich mit einbezieht. Da die Künstler eine dem Dasein Sinn verleihende Scheinwelt aufbauen, bekommt das Leben seinen wahren Wert und das Absurde des Lebens seinen Sinn. Kunst erschafft ihre eigene Wirklichkeit, um diese darstellen zu können. Und aus dem Grund haben die Künstler ihrem Kunstwerk gegenüber wahrhaftig zu sein, sie sollen nie zur Ruhe kommen und immer alles in Frage stellen.

Das künstlerische Schaffen ist dicht mit den Geheimnissen des Lebens verbunden, es macht das gewöhnliche Einerlei des Lebens zu einem Geheimnis und damit wiederum zu einem Kunstwerk. Künstler arbeiten mit dem Material, was ihnen die Realität bietet, aber sie formen es zu etwas Neuem, Fantastischem. So werden Künstler zu denen, die beides verbinden: Realität und Träumerei, Sein und Schein.

Die Kunstwerke sind dementsprechend auch beides. Sie sind real wie der Stein eines Bildhauers, enthalten aber auch seine Vision vom Stein und somit das Neue, nie Dagewesene. Den Betrachter inspirieren sie, seine Realität in Frage zu stellen, sie wieder neu zu kombinieren, selbst zu träumen und sich innerlich zu erneuern. Die Verantwortung der Künstler liegt darin, in der schöpferischen Gestaltung selbst lebendig zu bleiben und den Betrachter ebenfalls ein Stückchen lebendiger zurückzulassen. Dies gelingt nur, wenn sie der Sehnsucht nach Wahrheit folgen, die auf der Vergänglichkeit basiert. Und dabei muss man laut Nietzsche eins haben: „entweder einen von Natur leichten Sinn oder einen durch Kunst und Wissen erleichterten Sinn."

- Schreib über Vergänglichkeit anhand eines von dir gewählten Sinnbildes

Wenn die Schönheit sich Bahn bricht

Der italienische Maler Giovanni Segantini, der Meister des Lichts, war überzeugt, dass Kunst, die einen kalt lässt, keine Daseinsberechtigung hat. Kunst beginnt für ihn da, wo das Brutale, Gekünstelte, Banale aufhört und die Schönheit sich Bahn bricht. Das muss keine umwerfende Schönheit sein, sondern es reicht eine Blume am Wegesrand. Er wünschte sich, dass sich die fiebernde Leidenschaft, die er beim Malen seiner geliebten Berge empfand, auf den Betrachter ausdehne. Kunst war für ihn dieses Überschwappen von Lebendigkeit und Wärme auf den Betrachter seiner Werke. Die Kunst hatte ihre Aufgabe erfüllt, wenn durch das Bild etwas weitergegeben wurde.

Auch ein Buch kann den Leser wärmen, erfreuen, erschrecken, verärgern, provozieren, lebendig und aktiv werden lassen und hat demnach seine künstlerische Daseinsberechtigung. Es ist dabei unerheblich, ob es durch eine brillante Wortwahl oder eine blumige oder sachliche Sprache besticht, wichtig ist, dass es den Leser anstachelt in seiner Einzigartigkeit, Verletzlichkeit und Schönheit.

- Schreib über ein Buch, das dich stark beeinflusst hat

Kunst bringt das Licht zum Scheinen

Die Autorin Natalie Goldberg spricht in einem Interview über einen Lehrer, dessen Schülerin sich mit ihrem Text quälte und sich beklagte, dass sie nur belanglos schreiben könne. Er sagte zu ihr: „You are upset, because you think that`s all that`s happening".

Wir sind so sehr in unserem kleinen Kopf mit all unseren Bewertungen gefangen, dass wir gar nicht merken, was während des Schreibens in uns und um uns herum geschieht. Wir sehen nicht das Licht, das sich durch das Dunkel Bahn bricht. Wir hören nicht die leisen Töne, die zwischen den Zeilen warten. Und wir spüren nicht die Hitze des Feuers, die in uns entfacht wird, wenn wir zwischen all dem Unsinn, den wir schreiben, plötzlich einen genialen Einfall haben, den es lohnt, weiterzuverfolgen.

Wir müssen lernen, dem Prozess des Schreibens zu vertrauen, währenddessen ganz präsent zu sein und durch alle Ablenkungen des Geistes hindurch weiterzuschreiben. Erst wenn wir tief versunken sind im Tun, kann es still werden in uns und erst dann kann sich die ganze Vielfalt an phantasievollen Wortkreationen zeigen. Wie tausend dicht gedrängte Sterne am nächtlichen Himmel, warten die Ideen nur darauf, dass wir sie einzeln herunter aufs Papier holen und in einer neuen Konstellation aufblitzen lassen.

- Schreib über etwas, das dir heilig ist
- Stell dir vor, dich gäbe es nicht. Was würde der Welt und den Menschen um dir herum fehlen?

Etwas Neues erschaffen

Swetlana Geier widmete allein 20 Jahre ihres Lebens der Übersetzung von Fjodor Dostojewskis Meisterwerken aus dem Russischen, ihrer Muttersprache, ins Deutsche. Zudem übersetzte sie Werke von Lew N. Tolstoi oder das Werk von Lydia Tschukowskaja „Untertauchen", auf das ich schon eingegangen bin. In dem Dokumentarfilm „Die Frau mit den 5 Elefanten", sieht man ihr die Zufriedenheit an, wenn sie sich über die fünf großen Romane von Dostojewski beugt und an Worten feilt, bis sie sich ordnen und einfügen. Bekannt für ihre präzise und genaue Arbeit, überhäuft mit Auszeichnungen und der Ehrendoktorwürde der Universität Freiburg und Basel, ahnt man, dass Glück bei ihr gleichzusetzen ist mit schöpferischem Erschaffen: „Ich glaube, dass jede geistige Erfahrung etwas dazu beiträgt, dass man sich besser behandelt und nicht unbedingt totschlägt. Und ich glaube, dass die Sprache ein sehr wirksames Mittel ist". Für Carl Zuckmayer liegt sogar die einzige dauerhafte Form irdischer Glückseligkeit im Bewusstsein der Produktivität. Der Sinn des geistigen Erschaffens liegt vielleicht einzig und allein darin, uns unseres Selbst zu vergewissern.

Der Journalist der Bonner Republik Mainhardt Graf von Nayhauß, mit dem ich in meiner Lektoratszeit in Köln das Buch „Denk ich zurück an Bonn" verwirklichen durfte, starb dieses Jahr im Alter von 94 Jahren. Im Nachruf des Bonner General Anzeigers zitierten sie ihn aus einem Interview. Er wurde dort gefragt, warum er sich die Politik antut. Seine Antwort war schlicht und einfach die, dass zum Menschsein das sich Beschäftigen gehöre. „Hingehen, beobachten, nach Hause kommen und schreiben", für ihn bedeute das Erfüllung wie ein Maler sie beim Malen erlebt. Das Schreiben oder Malen wie jede andere Form der Kreativität befriedigt das Urbedürfnis des Menschen, etwas Neues zu erschaffen. Das Gehirn sammelt Informationen aus allen Bereichen, vermischt sie und verknüpft sie wieder neu.

Am Ende des Films über Swetlana Geier sieht man sie gebeugt über ihrem Bügelbrett stehen, wie sie die frisch gewaschene Wäsche mit unglaublicher Sorgfalt glattstreicht. „Beim Waschen verlieren die Fäden ihre Orientierung", sagt sie, „und Bügeln hilft dem Faden, die Orientierung wiederzubekommen".

- Schreib über das Bügeln als Sinnbild für das Schreiben

Einsame Malreise

Die stille und konzentrierte Hingabe an das Werk fiel mir bei dem Maler Caspar David Friedrich auf, der mit seinen geheimnisvoll hintergründigen Landschafts-, Küsten und Meerbildern zu einem der populärsten Maler der europäischen Kunst zählt. In einem Brief weist er den Wunsch seines Freundes, ihn auf einer Malreise zu begleiten, mit folgenden Worten ab: „Die Einsamkeit brauche ich für das Gespräch mit der Natur. Das Ich, das Ihnen gefällt, wird nicht mit Ihnen sein. Ich muss allein bleiben und wissen, dass ich allein bin, um die Natur vollständig zu fühlen. Ich muss mich dem hingeben, was mich umgibt mit meinen Wolken und Felsen, um das zu sein, was ich bin." Es scheint wie ein Empfangen zu sein, auf das er in die Stille hinein lauscht, bis es sich ihm auf der Leinwand zeigt. Er weiß, dass jede Ablenkung die zarte Verbindung mit der Natur stört und seinen kreativen Schaffensprozess unterbricht.

- Lass dich von dem um 1818 entstandenen Bild von Caspar David Friedrich: „Frau in der Morgensonne" zu einem Text inspirieren
- Schreib sinnbildlich über dein geistiges Erschaffen als den Ausbruch eines Vulkans
- Schreib sinnbildlich über Schreibblockaden als einen zugefrorenen Fluss

Worte, nach denen sich tanzen lässt

Friedrich Nietzsche spricht von einer Wahrheit, nach der sich tanzen lässt. Ein Tänzer verkörpert seine Wahrhaftigkeit im Tanz wie ein Schreiber seine Wahrhaftigkeit beim Schreiben. Der ukrainische Ballettänzer Sergei Polunin, einst jüngster Solist in der Geschichte des Londoner Royal Ballett, schaffte es, die strengen Regeln im Ballett auf den Kopf zu stellen und seiner Kunst diesen intuitiven, wahrhaftigen Ausdruck zu verleihen. Der Film „Dancer – Bad Boy of Ballett" widmet sich seinem Künstlerleben von den Anfängen bis zu seiner atemberaubenden Performance zu dem Lied „Take me to church", das mittlerweile über 28 Millionen Mal bei Youtube angesehen wurde. Er hat es geschafft, nur nach der Wahrheit, die er in sich fühlt, zu tanzen. Aus jeder Pore seines Körpers strahlt diese Übereinstimmung von innen und außen: „Und wenn du abspringst, und durch die Luft fliegst, wenn dir dein Körper erlaubt, so etwas zu tun, auch wenn es nur ein paar Sekunden sind, ist es das wert, dafür zu tanzen." Wer so nah an seinen Gefühlen ist, der berührt das Publikum auf eine Weise, die ehrfürchtig macht vor dem Leben. Wir erkennen es gerade in seiner Vergänglichkeit an als etwas Wertvolles und Einmaliges.

Ebenso bringt die spanische Flamencotänzerin Rocío Molina ihre Gefühle wahrhaftig auf die Bühne. Der Film „Impulso" ist durch und durch berührend in seiner grenzenlosen Echtheit. Auch sie liebt es, im Tanz ihre Gefühle zu erkunden und sie immer wieder neu auszudrücken. Jede ihrer Improvisationen ist einmalig, überraschend und lebendig. Ihre erste Soleá mit 17 Jahren beschreibt sie als eine Art Geburt, weil sie sich von da an in ihrer Ganzheit entdeckte. Die Gefühle, die sie bei diesem ersten Tanz hatte, sind für sie bis heute unerreicht. Allein aus Sehnsucht nach diesem ursprünglichen Gefühl packt sie der Ehrgeiz, sich jeden Tag von Neuem im Tanz zu verlieren. Interessant ist, dass sie das Tanzen mit dem Tagebuch schreiben gleichsetzt, da sie im tänzerischen Ausdruck ebenfalls den Verlauf ihres ganzen Lebens erzählt.

Der chinesische Choreograph Wang Xinpeng brachte 2012 in dem Projekt „Dortmund tanzt" 21 Nationen und eine Stadt auf die Bühne. Auch er berichtet davon, dass er dabei vollkommen nach seinem Gefühl geht, wenn er nichts dabei fühlt, kann er nicht weiterarbeiten. Er wartet auf einen inneren Impuls, der in Übereinstimmung mit dem ist, was auf der Bühne ist. In dem Moment ist der Ausdruck wahrhaftig.

Wenn wir die Worte mit unseren wahren, echten Gefühlen verbinden, sind wir dem Text gegenüber wahrhaftig. Und alles, was wir wahrhaftig schreiben, wird vom Leser auf dieser Ebene wahrgenommen. An diesem Punkt kann es zu einem Erkennen kommen von Schreiber und Leser. Wir erkennen uns im anderen wieder und genau das führt laut Lew N. Tolstoi zu einer Art Ansteckung, die unmittelbar stattfindet.

Der Pianist Lars Vogt sagte in einem Interview, wenn die Konzertbesucher an die Grenze des Klanges gehen, spüren sie etwas Heiliges, eine andere Welt, die einen emotional verändert. Schriftsteller führen ihre Leser ebenfalls an etwas Heiliges heran, das ihnen eine Ahnung davon gibt, wie wertvoll sie wirklich sind. Und genau dafür lohnt es sich zu schreiben.

- Schreib assoziativ nach einem beliebigen Musikstück. Bring deine Worte zwischen die Töne! Welches Wort, welcher Satz, welche Geschichte, welche Bilder passen zu dem Rhythmus?
- Notiere dir alles, was dir einfällt zu dem Tanzvideo „Take me to church"
- Schreib über ein Instrument, das dich am besten widerspiegelt

Singen bewahrt vor dem Abgrund

Die mexikanische Sängerin Chavela Vargas, die die traditionelle Musik der Rocheda verkörperte, versank auf der Bühne mit dem Schmerz ihrer Lieder. Sie verstummte zwischen den Strophen, als ob es sie alles koste, weiterzusingen. Die Zuschauer hielten den Atem an, wenn sie sang, und hatten Angst, sie würde gleich auf der Bühne sterben. Endete das Lied, seufzten sie auf, dann begann sie das nächste Lied und „stürzte sich wieder in diesen Abgrund, ohne jede Scham, ohne jede Angst" (Miguel Bosé). Sie selbst sagte dazu: „In der Finsternis und Stille der Bühne hört man auf zu existieren und ist nur noch das, was man tut, ein bestimmter Ton oder ein Schrei oder eine furchtbare Stille, die einem die Seele zerreißt. Die stillen Passagen in meinen Liedern rühren von Gefühlen her, die so stark sind, dass sie mich verstummen lassen."

Als der Sänger Bodo von U2 gefragt wurde, womit er die Größe des Startenors Luciano Pavarotti erkläre, antwortete er, dass sein großer Erfolg daraus resultiert, dass er die Stücke gelebt hat, nicht einfach nur gesungen. Man würde es an den Brüchen in seiner Stimme hören, „das Herz muss einem wieder und wieder brechen, um so singen zu können (...) und „das Einzige, was du einbringen kannst, ist ein ganzes, ein gelebtes Leben mit Fehlern, Hoffnungen, Sehnsüchten. All das entlädt sich in der Darbietung."

Musik ist fähig, uns in die Tiefe unserer Abgründe und genauso in die Höhen des Himmels zu begleiten. Dazwischen liegt die Stille der Gegenwart und in ihr die ganze Dichte unseres Lebens. Dieser Moment der Stille ist es, der dem Publikum nach der Darbietung die Frage stellt: „Seid ihr bereit, euch dem Leben mit allem, was dazugehört auszuliefern?" und der Applaus bekräftigt es: „Ja, ich bin bereit!" Ganz im Sinne des Starpianisten Vladimir Horowitz, der sagte: „Es ist die Stille, die zählt, nicht der Applaus. Jeder kann Applaus haben. Aber die Stille, vor und während des Spiels, das ist das Größte."

- Schreib über einen Abgrund
- Schreib über Lebensbrüche

Die Ur-Wolke

Die Zeichnungen an der „Ur-Wolke" sind für den Schweizer Künstler Harald Naegeli, der als „Sprayer von Zürich" bekannt wurde, wie das Führen eines Tagebuchs. Er, der die Betonfassaden der Großstadt mit schnell und schwungvoll gesprayten Gestalten verschönerte, zeichnet im Kontrast dazu in seinem Atelier seit mehreren Jahrzehnten mit Tusche und Stahlspitzfeder kleinste Wolkenpartikel auf großformatiges weißes Büttenpapier. Viele dieser „Ur-Wolken", in denen es ihm um die zeichnerische Utopie des kosmischen Raumes geht, hat er, nachdem er 2020 in seine Heimat Zürich umsiedelte, an Universitäten und Museen in seine Wahlheimat Köln und Düsseldorf, aber auch nach Tübingen, verschenkt. Doch eine „Ur-Wolke" hat er behalten. Auf deren Rückseite steht das von ihm so genannte „Tagebuch", hier notierte er ab und zu in Versform, an welchen Tagen und zu welchen Uhrzeiten er an der Wolke gearbeitet habe. Bis heute mit 80 Jahren und schwerkrank wird er sich, so sagt er, weiter mit mediativer Feinarbeit an die „Ur-Wolke" annähern. So wie das Zeichnen Naegeli mit dem Ursprung verbindet, so verbindet uns das Schreiben damit. Es macht Sinn, weil wir uns Strich für Strich der Wahrheit annähern, die dadurch sichtbarer und spürbarer wird.

- Schreib über dein Leben als Ur-Wolke

Schwingen im Gleichklang

Ich war wie elektrisiert, als ich die Fotos der zu ihren Lebzeiten unentdeckten Vivian Maier sah. Ihre zahlreichen Fotografien, heute von unschätzbarem Wert, fand man in einem alten eingelagerten Koffer, der versteigert worden war. Sie, die als Kindermädchen für die Reichen von New York und Chicago in den 30er Jahren arbeitete, hatte ihre Kamera stets bei sich und verstand es wie keine andere, mit einem Klick die Seele der Menschen einzufangen. Ein Kunstkritiker, der sie zu einer der größten Fotografinnen ihrer Zeit zählt, sagte: „Sie konnte mit einem fremden Menschen in einem Raum sein und ganz bei sich selbst bleiben. Sie konnte diesen Moment erreichen, wo zwei Wesen im Gleichklang schwingen. Und dann ging sie". Wer ihre Fotos heute anschaut, tritt mit ihr und dem Fremden in diesen Raum ein und wird Zeuge der Begegnung. Es ist eine Begegnung, wie sie gerade überall auf der Welt stattfindet. Künstler erspüren den magischen Moment des Gleichklangs und malen oder fotografieren ihn, bannen ihn schreibend auf Papier oder meißeln ihn in Stein.

- Schreib zu den Straßenfotografien von Vivian Maier oder anderen wie Robert Frank, Helen Lewitt, Diane Arbus. Lass dich von der Stimmung des Fotos anrühren
- Nimm dir zwei Fotos verschiedener Künstler und gestalte daraus eine Geschichte

Licht und Schatten

Die Fotografin Diane Arbus fotografierte in den 50er Jahren vorwiegend Modells. Das war ein lukratives Geschäft, jedoch langweilte es sie eines Tages dermaßen, dass sie sich dafür entschied, unter die Menschen auf die Straße zu gehen und Dinge zu fotografieren, vor denen sie eine große Angst hatte. Sie begann die dunkle Seite Amerikas unter die Linse zu nehmen: neben Slums, Leichenschauhäusern oder psychiatrische Kliniken, fotografierte sie vor allem Freaks und Exzentriker. In der Konfrontation mit ihrer Angst, entdeckte sie ihre Fähigkeit, Dinge wahrzunehmen, die sonst niemand sah, und dass ihre innewohnende Stärke „das Wesen der Dinge" ist.

Arbus hat ihre Kunst nicht nur dazu genutzt, um Licht in die dunklen Ecken Amerikas zu bringen, sondern auch in ihre eigenen Abgründe. Jeder Künstler setzt sich der Dunkelheit aus, ohne die er nicht das Licht einfangen könnte.

- Schreib darüber, mit voller Wucht in die Dunkelheit zu rennen
- Schreib darüber, was bei dir im Dunkeln liegt und worauf du das Licht richten willst
- Schreib über einen unheimlichen Ort

Mit dem Rücken zum Publikum

Durch den Oscar-prämierten Dokumentarfilm „Searching for Sugar Man" wurde ein Sänger und Songwriter weltberühmt, der von seinem Erfolg selbst lange Zeit nichts geahnt hatte. Seine Liedtexte wie „Rich Folks Hoax", „Inner City Blues" oder später „Street boy" und „I think of you" wurden in den 70er Jahren unter Fachkreisen als die poetischsten seiner Zeit gehandelt. Während der Amerikaner mit mexikanischen Wurzeln Sixto Rodriguez in seiner Heimat eher unbemerkt blieb, wurde er in Südafrika zum Superstar der Apartheid Bewegung. Erst 1998 sollte er dort einige Konzerte halten. Er, der nie nach Ruhm strebte, hat sein ganzes Leben auf dem Bau oder an der Tankstelle ge-arbeitet. Als er noch völlig unbedeutend war und in kleinen Bars auf der Bühne stand, sang er meistens mit dem Rücken zum Publikum. Darauf später angesprochen, erklärte er, er wolle, dass das Publikum seinen Texten zuhöre und nicht von ihm oder einer Show abgelenkt werde. So schaffte Rodriguez eine einmalige Atmosphäre, in der er mit seinen Fans in seine Texte eintauchen konnte.

Vielleicht sollten wir bei der ein oder anderen Lesung unsere Texte mit dem Rücken zum Publikum vorlesen, damit es sich nur auf das Hören konzentriert und nicht ablenken lässt.

- Schreib zu der Musik von Rodriguez und lass dich von seinen Texten inspirieren

Der Eintritt in eine andere Welt

Einer der legendärsten Nachtclubs in New York war das „Studio 54", ein ehemaliges Theater, deren alter Zuschauerraum als Tanzfläche diente. Hier trafen sich schon zur Premiere 1977 Künstler mit Kultstatus wie Cher oder Frank Sinatra, später kamen Stammgäste wie Andy Warhol, Truman Capote, Mick Jagger und John Travolta dazu. Das Studio wurde in seiner kurzen Geschichte unzählige Male umgebaut, schon allein deswegen, weil jeder Abend unter einem anderen Motto stand und außergewöhnliche Partyszenen möglich machte wie Bianca Jagger, die auf einem Schimmel durch den Club ritt. Mal abgesehen davon, dass es keine drei Jahre dauerte, bis die beiden Gründer wegen Steuerhinterziehung ins Gefängnis mussten, hatten sie mit diesem Club etwas geschaffen, was man durchaus als magisch bezeichnen kann und diese Magie übertrug sich direkt auf die Gäste. Kritiker haben es später so formuliert, dass man durch die abgedunkelten Türen kam und eine andere Welt betrat. Hier konnte man die vorgepressten Rollen vergessen und sich „vollkommen frei fühlen" (Originalton des jungen Michael Jackson). Diese Freiheit kostete ein Vermögen, was niemanden davon abhielt, stundenlang vor der Tür darauf zu warten, es auszugeben.

Das Tanzen wie das Schreiben lenken die Aufmerksamkeit auf den jetzigen Moment. Beim Schreiben gibt nicht laute Musik den Takt vor, sondern Stille. Beide, die Tänzer, wenn sie von der Tanzfläche kommen und die Schreiber, wenn sie den Stift aus der Hand legen, wissen für einen Moment nicht, wer und wo sie sind. Dieser als magisch erlebte Moment ist es, der uns mit dem Leben verbindet und ihm Sinn verleiht.

- Schreib nach dem Impuls: Wenn die Nacht beginnt
- Schreib über eine Begegnung, die im Nachhinein magisch war

Über glänzende Gitarren und hübsche Frauen

Es gibt eine faszinierende Begebenheit, die sich auf einem Konzert von Leonard Cohen, dem kanadischen Künstler, zwischen ihm und einem seiner Zuhörer abgespielt haben soll. Dieser Mann stand unter seinen Fans im Publikum und störte ein eher ruhiges Lied mit lauten Zwischenrufen. Zunächst spielte Cohen weiter, doch als er erneut gestört wurde, hörte er auf zu spielen und richtete das Wort an den Mann: „Na gut! Rede!" Dieser rief ihm über die anderen Köpfe hinweg zu: „Ihr kommt hierher, ihr habt eure glänzenden Gitarren und eure hübschen Frauen, die mit euch singen usw. Ich will wissen, was ihr wirklich von mir haltet. Das will ich wissen, das ist, was mich interessiert." In der darauf folgenden Stille ging Cohen die Treppe hinunter ins Publikum direkt auf den Mann zu und nahm ihn fest in den Arm.

Wenn ein Künstler nicht mehr die Sprache seines Publikums spricht, kappt er die Verbindung. Die gemeinsame Sprache ist die jeweilige Kunstform. Bei einem Buch liegt sie zwischen den Zeilen. Wenn ein Autor den Leser so fesselt, dass er ihn unbedingt persönlich kennen lernen möchte, ist die Verbindung gelungen.

Als ich als Jugendliche „Die Outsider" las, schlug ich das Buch zu, holte tief Luft, seufzte kurz und schlug es sofort wieder vorne auf. Ich wollte wieder eintreten können, wieder bei der Gruppe sein, ich wollte nicht alleine zurückgelassen werden. Leider war es nicht mehr dasselbe. Ich war eine andere geworden, ich wusste zu viel, als wieder vorne anfangen zu können. Ich weiß noch genau, wie enttäuscht ich das Buch auf die Sofakante sinken ließ. Diese starke Verbindung mit den Figuren eines Romans vergisst man nie. Vielleicht kennt ihr das, wenn ihr eine Stelle im Buch zwei- oder dreimal lest, so als ob es zwischen den Zeilen eine persönliche Nachricht gäbe, die nur für einen selbst bestimmt ist. Man ist so gebannt, dass man mitten unter den Figuren weilt und agiert. Das halte ich für eine große Kunst.

- Schreib einen Brief an deinen zukünftigen Wunschleser

Der spielerische Umgang mit der Kunst

Als 2020 der legendäre Fußballer Diego Maradona starb, der als wahrer Künstler am Ball in die Geschichte einging, trauerte die ganze Welt und es gab regelrechte Pilgerzüge zu seinem Grab. Aufgewachsen in den Slums von Buenos Aires, war er mit 15 Jahren alleiniger Versorger seiner großen Familie. Schon mit 3 Jahren bekam er seinen ersten Lederball geschenkt, mit dem er den ganzen Tag hinter seinem Elternhaus kickte. Er sagte in einem Interview, dass der Ball sein Befreier war, denn auf dem Fußballplatz wäre für ihn das Leben mit seinen Problemen unwichtig geworden. Die Münchner Abendzeitung titelte: „Mit dem Ball war er sicher – ohne ihn schutzlos". Sein Ballspiel verzauberte nicht nur ihn selbst und seine Fans, sondern vor allem seine harte Realität als Kind. Als Erwachsener wechselte er nur den Spielplatz und blieb sich im Grunde immer treu.

Im Schreiben fördert der spielerische Umgang mit den Ideen und dem Text die schöpferische Freiheit und Originalität. Beim Spiel versinken wir im Tun ohne die Fokussierung auf ein Ergebnis. Alles oder nichts ist möglich. Diese Art zu spielen, entdeckte ich vor kurzem bei einem Künstler, der aus alten Schreibmaschinen Körper formte. Er sagte: „Wenn ich im Schaffensprozess bin, verschwindet mein Körper, alle Schmerzen, es ist meditativ. Alles Geld geht für diesen Trancezustand drauf." Dabei lachte er in sich hinein, während seine schwarzen Finger zur nächsten Schreibmaschine griffen, in der er bereits etwas erkannte, das für meine Augen verschlossen war.

Diese Leichtigkeit und Experimentierfreude brauchen wir beim Schreiben, denn sie spiegelt am besten die Echtheit wider. Das Wechselspiel aus Gut und Böse, Leicht und Schwer, Licht und Schatten oder Himmel und Hölle ist der Realität näher als das zielgerichtete Bestreben nach dem Guten, nach Leichtigkeit, Licht und dem Himmel. Das eine ist ohne das andere nicht möglich, sie bedingen einander. Texte ohne Spiel wirken flach und hohl.

- Schreib über dein Leben als Fußballspiel. Schreib über Tore, Eigentore, Elfmeter, Abseits, Eckbälle, Pfiffe, Verlierer und Gewinner, Torwarte, Spieler, Weltmeister...

Der wahre Künstlerfreund

Es ist und bleibt eine bemerkenswerte Beziehung, die den Schriftsteller mit dem Hund verbindet. Vielleicht liegt es an der einvernehmlichen Kommunikation oder den Gewohnheiten, die sich ideal ergänzen. Nach 3 Stunden des Schreibens und Lesens ist es eine Wohltat, mit dem Gefährten den Blick in die Weite zu richten und gemeinsam durch den Wald zu streifen. Das Buch „Schriftsteller und ihre Hunde" von Jürgen Christen erzählt davon, wie eng der Hund mit der Literaturwelt verbunden ist. Da ist Thomas Manns Erzählung von 1919 „Herr und Hund – ein Idyll", die auf seiner Beziehung zum Schäferhundmischling Bauschan beruht. Da ist Mark Twain, den man eher von Tom Sawyer und Huckleberry Finn kennt, der 1903 eine kurze gesellschaftskritische Geschichte mit dem Titel: „A dog´s tale" geschrieben hat, in der ein Hund der Erzähler ist. Und da ist der amerikanische Nobelpreisträger John

Steinbeck, der 1960 mit seinem Pudel Charley mehrere Monate in einem Camper durch Amerika reiste, nachdem er bereits zwei Schlaganfälle hinter sich hatte. Das Ergebnis ist ein Reisebericht „Die Reise mit Charley: Auf der Suche nach Amerika". Charlotte Link, meine Lieblingskrimiautorin, setzt sich mit voller Leidenschaft für Hunde in Rumänien ein. Sie selbst holte 2014 ihre Hündin Fini aus Rumänien, deren wunderbare Seele, wie sie schreibt, ihr Leben jeden Tag neu bereichert.

Vor 4 Jahren habe ich bei dem Verein Vivalahund einen spanischen Straßenhund entdeckt, der sehr dünn war und kranke Augen hatte. Sein Gesicht zierte eine auffällige „Schweinsnase": Er hieß Yin. Einen Monat später hieß er Fin und zog bei mir ein. Ich mag den Rhythmus, den Fin mir am Tag vorgibt. Wenn er schläft, schreibe ich, wenn er sich rekelt, gehe ich mit ihm eine Runde durch den Wald oder in den Park und erhole dabei meine Augen mit Blick in die Ferne, nachdem ich sonst lange Stunden auf den PC gestarrt habe. Ein Hund bringt allein durch die Geselligkeit mit anderen Hundebesitzern ein schönes Gleichgewicht in das stille und geregelte Leben der Schreibenden.

Außerdem sind meine Schreibkurse mit Kindern immer voll und lebendig mit Fin, weil er der heimliche Trainer ist. Er ist der Mittelpunkt im Raum, er zieht durch die unteren Gänge, während ich weiter oben rede und erschnüffelt jedes Leberwurstbrot in den verlockenden Rucksäcken. Dann klopft er mit seiner Nase an die Waden der Kinder wie ein Specht an die Baumrinde, bis eins sich erbarmt und ihm aus der Butterbrotdose ein Stück abgibt.

- Schreib einen Brief an dein Haustier und formuliere daraus ein Gedicht

Schriftsteller und ihr Werk:
Immer etwas besser werden

Der ewige Bestseller

Eine wichtige Regel für das Erschaffen eines Kultprodukts mit Tiefgang ist nach dem Bestsellerautor Ryan Holiday, dass es unablässig neu überdacht wird. In seinem Buch „Der ewige Bestseller" bündelt er viele Storys, Taktiken und Routinen von Werken, deren Erfolg bis heute anhält. Ein Beispiel ist das Buch „In einem fernen Land" von Hemingway. Er hat es nach eigenen Angaben ganze 50-mal umgeschrieben. Bluten muss man an der Schreibmaschine, sagt er. Das taten auch viele vor ihm. Tolstoi soll acht vollständig neue Fassungen seines Romans „Krieg und Frieden" geschrieben haben, was unvorstellbar erscheint. Doch jeder, der ein Buch veröffentlicht hat, weiß, wie schön die erste Phase des kreativen Fließenlassen des Textes ist und wie viel Fleiß und Disziplin es braucht, um aus diesem Anfangstext ein druckfertiges Werk zu erstellen. Dieses Kapitel soll für uns alle eine Ermutigung sein, Texte so lange zu feilen, umzustellen oder sie gar neu zu schreiben, bis sie stimmig sind und sich gut anfühlen.

- Schreib über Krieg und Frieden

Bloß nicht die Illusion brechen

Die britische Schriftstellerin Virginia Woolf hielt im Januar 1931 in London einen Vortrag über ihren Beruf. Wenn sie schreibt, sagt sie, brauche sie äußerste Ruhe und eine Regelmäßigkeit, die an einen Zustand andauernder Lethargie erinnere. Sie möchte während des Schreibens jeden Tag, Monat für Monat, die gleichen Gesichter sehen, die gleichen Bücher lesen und die gleichen Dinge tun, sodass nichts die Illusion bricht, in der sie lebt. Es mag wie das Leben einer Einsiedlerin klingen, für sie war es das Paradies.

Durch das Coronavirus und dem damit verbundenen gesellschaftlichen Stillstand wurden auch für mich diese perfekten Voraussetzungen für das Schreiben geschaffen. Jeder Tag reihte sich nahtlos an den anderen, alles hatte den gleichen Rhythmus. Ich hatte keine Termine, ich durfte nur schreiben – den ganzen Tag lang über Wochen und Monate. Mein Wohnzimmer wurde zu einer Schreibstube, der Küchentisch zu meinem Arbeitsplatz mit Stiften, Blöcken, Ringordnern, Büchern, Laptop und einem großen Bildschirm und hinter mir griffbereit das Bücherregal mit allen wichtigen Schreibbüchern, meinen Notizbüchern und Ordnern für die Schreibkurse.

In dem Dokumentarfilm „John Irving und wie er die Welt sieht" bekommt man einen Blick auf den Arbeitsplatz des Schriftstellers. Sein großer Schreibtisch steht vor einer Fensterwand mit Blick in den Garten, darauf stapeln sich Manuskripte und Bücher. Mit einem Drehstuhl erreicht er bequem einen zweiten Tisch, auf dem Schreibmaterialien liegen, sodass er durch die Suche danach nicht aus dem Takt gerät.

Wie wichtig dieses eigene Schreibzimmer ist, hat Virginia Woolf dazu bewogen, den Essay „Ein eigenes Zimmer" zu veröffentlichen, dass sie sich in einem Haus der Männer erstritt. Das Zimmer sei noch kahl und müsse möbliert und ausgeschmückt werden. Aber es hat eine Tür, die sie zumachen kann.

- Schreib über dein eigenes Zimmer als Sinnbild für dein Schreiben
- Schreib über etwas, das nicht in den Raum passt, in dem du dich gerade befindest
- Schreib über den Inhalt deines Schreibtisches

Alles eine Frage der Konzentration

In „Die imaginäre Freundin" von John Irving geht er auf seine Beziehung zum Schreiben und Ringen ein. Obwohl beides für ihn sehr anstrengend ist und viel Kraft und Ausdauer erfordert, empfindet er es als durch und durch befriedigend. Seine Schreibkurse allerdings, die er zu Beginn eher aus finanziellen Gründen an Universitäten abgehalten hat, empfand er als strapaziös und aufwändig. Er konnte es nur schlecht ertragen, dass die Kurse ihn von seinem eigenen Schreiben abhielten.

Selbst wenn es nur 2 Stunden am Tag sind, in denen wir abgelenkt sind vom Schreiben, braucht es viel Zeit, um wieder in den Text hineinzufinden. Schreiben erfordert eine hohe Konzentration und das mag der Grund sein, warum wir sehr empfindlich reagieren, wenn wir abgelenkt werden.

Der deutsche Schriftsteller und Filmemacher Alexander Kluge sagte einmal, dass er beim Schreiben so konzentriert sei wie Geburtshelfer, die mit Feingriff das Kind rausholen. Was alle Schreiber in dieser Phase der Konzentration eint, ist die Sehnsucht nach absoluter Stille, aus der sie alle Ideen und Kreationen schöpfen. Sie lieben es, gedankenverloren vor sich hin zu starren und den kreativen Bogen bis aufs Äußerste zu spannen, bis sie bereit zum Abfeuern der in ihnen gereiften Worte sind.

- Schreib über das Schreiben als Kunst des Bogenschießens

Um Worte ringen

John Irving gibt in dem oben erwähnten Buch offen zu, dass er auf Anhieb nie etwas richtig hinbekommt, aber er weiß, wie man verbessert und dies tut er wieder und wieder, bis es passt. Er vergleicht das mit seinem heiß geliebten Ringersport, bei dem man auch die Griffe und Bewegungen unermüdlich wiederholen muss. Ringen und Romane schreiben wollte er schon mit 19 Jahren und wie er findet, gehört beides zusammen: „Schreiben ist wie Ringen. Man braucht Disziplin und Technik. Man muss auf eine Geschichte zugehen wie auf einen Gegner."

Wir ringen Wort für Wort um unsere Texte, bis sie sich griffig und glatt anfühlen. Erst nach mehrmaligem Nachbessern legen wir den Stift ab und wissen, dass wir einen kleinen Sieg errungen haben. Auch wenn die nächste Niederlage auf der nächsten Seite lauert, hält uns das nicht davon ab, morgen wieder zum Wettkampf zu gehen.

- Schreib über einen Ringkampf, in dem du dich mit deinen Wörtern verkeilst und wie du dich befreist

Auf der Hetzjagd

Wir alle wissen, was es heißt, einen Text so zu bearbeiten, bis er fließt und nicht sperrig klingt. Wenn ich wie jetzt meine noch unbearbeiteten Textabschnitte lese, packt mich zunächst Verzweiflung, dann Scham und schließlich Überlebenswille! Ich weiß mittlerweile, dass kein Weg daran vorbeigeht und dass diese Gefühle zum Überarbeiten dazugehören. Ich weiß, dass sie vergänglich sind und ich nur weitermachen muss. Trotzdem ist es frustrierend, auf Seite 4 von 100 zu sein und auf einen Textteil zu starren, dem Struktur fehlt oder der Zusammenhang zum Rest des Textes. Von diesem Moment der starren Hypnose spricht die Schriftstellerin Jennifer Egan, wenn sie sagt, dass, während sie sich die Haare rauft, ein anderer Teil ihres Gehirns weiterzuarbeiten scheint: „Selbst wenn ich überschnappe, arbeite ich weiter."

Manchmal fühle ich mich beim Überarbeiten wie ein Fuchs auf der Hetzjagd. Die Hunde fletschen die Zähne und bellen hinter mir her, dass sich die Sätze bleiern anhören, der Sinnzusammenhang fehlt und dass ich das Schreiben besser anderen überlassen sollte. Ich renne davon, verstecke mich im tiefen Gebüsch, bis das Gebell an mir vorüber ist. Dann wage ich mich heraus, koche mir einen Tee oder Kaffee, setze mich wieder an den Schreibtisch und gehe Wort für Wort meines Textes durch, lösche Sätze und Absätze, baue sie um, schreibe neue Passagen. Irgendwann erkenne ich eine Struktur und es fühlt sich stimmig an durch die nach unzähligem Überarbeiten erreichte Einfachheit der Sätze. Die Hunde sind in dieser Phase gebändigt, ich wähne mich auf der Zielgeraden.

Dann lege ich den Text ein paar Tage weg und das Ganze beginnt von vorn.

Wenn ich weiß, das ist das Beste, was ich bei meinem heutigen Entwicklungsstand aus mir herausholen kann, veröffentliche ich es mit der nötigen Naivität eines Kindes vor dem ersten Schultag. Wenn das Buch gedruckt ankommt, bin ich eher verhalten. Ein wenig fremd ist es mir nun geworden, weil es so lange weg war. Manchmal lese ich es und nicke zustimmend, als ob es jemand anderes geschrieben hätte. Und vielleicht ist das der Punkt, an dem ich erkenne, dass etwas Neues in mir reift. Und sich die Gewissheit formt: Das kann ich noch besser. Dann suche ich mir ein leeres großes Ringbuch heraus und beginne von Neuem zu schreiben. Kann es etwas Schöneres geben?

- Vergleiche das Schreiben mit einem Handwerk und schreibe darüber

Disziplin und Leidenschaft

Der ehemalige Torwart Oliver Kahn schreibt in seinem Buch „Ich" darüber, dass auf dem Platz gerade die besonders talentierten Spieler schnell wieder verschwunden waren. Als Erklärung dafür gibt er an, dass nicht Talent das Wichtigste ist, sondern Schwächen zu haben, denn daraus entstehe eine Leidenschaft für etwas, die zum Erfolg führt. Talent könne uns in eine Falle manövrieren, wenn wir zu bequem werden und uns unserer Sache zu sicher sind.

Die Tatsache, dass der Künstler David Lynch eben kein begnadetes Talent zum Malen hatte, hat ihm eine besondere

Kraft verliehen. Dadurch, dass er sich eingestand, dass seine anfänglichen Malereien schlecht waren, hatte er den Ehrgeiz dranzubleiben, um seinen eigenen Stil zu finden. Er musste weitermalen in der Hoffnung einen Glückstreffer zu landen. Das führte natürlich dazu, dass er viel ausprobierte und einen ausgeprägten Ehrgeiz entwickelte, weil er sich nie ganz zufrieden gab.

Diese Experimentierphasen beruhen auf Disziplin und Leidenschaft. Es kommt eben nicht darauf an, viel zu können, sondern durchzuhalten und von etwas ganz überzeugt zu sein. Die Rocklegende Janis Joplin steht für diese enorme Leidenschaft. Sie behauptet von sich, sie hätte zunächst nicht besonders gut singen können, aber Musik war das, wobei sie sich am lebendigsten fühlte. Anfängliche musikalische Patzer fegte sie hinweg nach dem Prinzip: „Wenn ich weiter singe, lerne ichs vielleicht."

Wir brauchen etwas von der Einstellung dieser Künstler, wenn wir unser Schreiben ausbauen wollen: Leidenschaft, Experimentierwillen, Durchhaltevermögen und vor allem eine entspannte Grundhaltung.

- Schreib über deine kreative Arbeit anhand der Mythologie des Sisyphos, der dazu verurteilt wurde, auf ewig einen Felsblock einen Berg hinaufzuwälzen

Konsequent beharrlich

Haruki Murakami bezeichnet das Schreiben zwar generell als reines Vergnügen, aber er empfindet es als zeitaufwändig und ungeheuer anstrengend. Wer nicht gelernt hätte, konsequent beharrlich weiterzuarbeiten und sich über lange Zeit einer einsamen Beschäftigung zu widmen, schreibt er, sei dafür kaum geeignet.

Die meisten Schriftsteller kennen den bleiernen Gang zum Schreibtisch oder die zermürbenden Phasen der wiederholten Korrektur. Wenn wir nur schreiben wollen, wenn der Stift schön schwingt und die Engel im Himmel ein Halleluja anstimmen, werden wir beim Schreiben nicht in die Tiefe gelangen. Uns bleibt nichts anderes übrig, als durch diesen Widerstand, durch die Ängste vor Blamage und durch die Verzweiflung der Korrektur hindurch zu schreiben. Wichtig ist, dranzubleiben und das Schreiben auch in diesen Zeiten nicht zu verraten. Vielleicht ist es das Wissen darüber, dass Schreiben unsere Bestimmung ist, das uns in schwierigen Zeiten trägt.

- Schreib nach dem Impuls: Warum ich schreibe

Das Feuer zwischen den Zeilen

Der amerikanische Schriftsteller J.D. Salinger, der für seine Eigenwilligkeit bekannt war, sollte das Manuskript eines Freundes lesen und ihm sagen, was er davon hielt. Wie das so ist, sagte Salinger ihm erstmal lange gar nichts. Als der Freund sich bei einem gemeinsamen Drink in einer New Yorker Bar traute, ihn noch einmal auf seinen Text anzusprechen, erwiderte Salinger ihm kurz und knapp, dass ihm „das Feuer zwischen den Zeilen" fehle. Sicher war es nicht das, was sich der Freund gewünscht hatte zu hören, aber vielleicht hat ihn die schonungslose Ehrlichkeit Salingers weitergebracht.

Feuer wird nicht dadurch entfacht, dass wir kleine Hölzer ordentlich aufeinanderschichten und dieses Konstrukt ängstlich bewachen. Es braucht neben Sauerstoff den zündenden Funken, ohne den gar nichts geht. Auf unsere Texte bezogen, heißt das, Wörter allein reichen nicht aus, um einen lebendigen Text zu schreiben. Der Text braucht Konflikte, Reibung, Krisen und innere Spannung. Niemand liest einen Text, der nur schön ist, ohne harte Brüche oder Überraschungen, ohne Höhen und Tiefen. Erst die Spannung, der innewohnende Konflikt, lässt uns interessiert umblättern.

Der Schriftsteller braucht auch in sich dieses Feuer, von dem Salinger spricht. Nach Lew N. Tolstoi entflammt es sich in der Seele des Menschen und nur wer „unter Leiden brennt und andere entflammt", sei ein wahrer Poet. Ohne dieses innere Brennen des Poeten, können seine Gedichte den Leser nicht zu neuen, nützlichen Sichtweisen bewegen und es handelt sich somit um „leere Kunst".

Als der junge Country Sänger Johnny Cash die erste Chance hatte, vorzusingen, war der Produzent zwar begeistert von seiner Stimme, aber nicht von seinen altmodischen Texten. Er gab ihm einen weisen Rat für seine Songtexte: „Schreib von Blut, von Schmerz, von Bruch, vom Tod!" Und das tat er wie kein anderer. Er schrieb an die 500 Songtexte und sie wurden zum Sprachrohr für Außenseiter und Verlierer der amerikanischen Gesellschaft in den 60er und 70er Jahren. Er sprach darin ihre Nöte an und setzte sich für ihre Belange ein. Legendär wurden seine Konzerte in den kalifornischen Gefängnissen Folsom und San Quentin, deren Alben Nummer 1 Hits in den Charts wurden. Seine Lieder bewirkten unmittelbar etwas bei den Menschen, denn sie spiegelten Cashs inneres Brennen, die Leidenschaft für seine Fans, aber auch seine anhaltende eigene Suche nach Antworten auf die Geheimnisse des Lebens.

- Schreib über den schöpferischen Funken
- Schreib darüber, unter welchen Bedingungen dein Feuer erlischt
- Schreib von Blut, von Schmerz, von Bruch, vom Tod

Die Angst vor dem weißen Blatt

Man kann es kaum glauben, dass ein so bekannter Maler, Grafiker, Poet und Bildhauer wie Max Ernst, Angst vor dem weißen Papier hatte, aber es war so. Diese Angst nutzte er jedoch produktiv und erfand damit eine seiner markantesten Techniken. Er legte das weiße Papier auf die Holzdielen des Hotelzimmers und rieb mit einem Bleistift die Maserungen nach. Später nutzte er auch genarbtes Leder, Muscheln, Blätter oder sogar Brot. Die dadurch entstandenen Strukturen machten das Papier für ihn bemalbar. Eine seiner berühmtesten Bildserie „Histoire naturelle" stammt aus dieser Technik.

Auch Schriftsteller kennen diese Angst vor dem weißen Papier. John Steinbeck schreibt in seinem „Tagebuch eines Romans", dass er immer Angst davor habe, die erste Zeile hinzuschreiben und dass ihm das schwer zu schaffen mache. Die Beschreibung des Lampenfiebers und der Wortqualen endet mit der Feststellung: „Ein seltsames und geheimnisvolles Geschäft, das Schreiben".

In Schreibkursen spüre ich die Befangenheit der Teilnehmer vor dem weißen Blatt deutlich. Vor allem, wenn sie diese kunstvoll verzierten Schreibbücher mitbringen. Es fällt ihnen schwer, auf die erste Seite zu schreiben, die so unbefleckt und rein vor ihnen liegt. Sie erscheint ihnen zu schön, um sie mit ihren alltäglichen Gedanken und Gefühlen zu verunreinigen. Ich denke, das kennen wir alle. Wir fühlen uns nicht gut genug, nicht wertvoll genug, um das Wort an uns selbst zu richten und dies auch noch sichtbar zu machen für die Nachwelt. Auch für mich bleibt es eine kleine Überwindung in diese meist geschenkten Bücher zu schreiben, lieber nutze ich Ringbücher, die ich umschlagen kann, um beim nächsten Mal direkt weiterzuschreiben. Wie dem auch sei, entscheidend ist, dass uns irgendetwas zum Kauf dieses Schreibbuches veranlasst hat und dieses Etwas ist meiner tiefen Überzeugung nach die Sehnsucht nach Einkehr, nach einer Nähe zu sich selbst.

Geben wir grundsätzlich zu, dass für uns ein schönes Schreibbuch einem Eisbecher mit Sahnehäubchen und Schokosplittern sehr nahekommt, können wir die Seiten mit genüsslicher Hingabe füllen. Um die erste Seite einzuweihen, helfen schon kleine Tricks: von hinten nach vorne schreiben, die erste Seite frei lassen und erst auf der zweiten Seite beginnen oder ihr macht es wie Max Ernst und pauscht zunächst mit einem Bleistift etwas ab oder kritzelt eine Blume in die Ecke. Vielleicht möchtet ihr das schöne Schreibbuch auch für bessere Zeiten aufbewahren, bitte bedenkt nur, dass die wenigsten von uns in besseren Zeiten schreiben.

- Schreib darüber, in deinem Leben eine neue Seite aufzuschlagen

Üben, Üben, Üben

Stephen King ermuntert uns in seinem Buch „Das Leben und das Schreiben" dazu, zu üben, üben und nochmal zu üben. Er betont, dass es zum Schreiben eines Romans viel mehr als Talent braucht. Die Autorin Sibylle Berg gibt zu, dass sie 10 lange Jahre brauchte, um das Schreiben zu lernen. Sie zitiert in der Essaysammlung „Schreibtisch mit Aussicht" den schwedischen Psychologen Dr. K. Anders Ericsson: „10.000 Übungsstunden benötigen Menschen, um außergewöhnliche Fähigkeiten zu entwickeln." Das passt zu der erstaunlichen Aussage des legendären spanischen Cellisten und Komponisten Pablo Casals, der mit 90 Jahren gefragt wurde, warum er immer noch aktiv spielt. Er antwortete, weil er glaube, dass er langsam Fortschritte mache!

Schreiben ist ein Prozess, der nie beendet ist. Schreiben wird uns das ganze Leben begleiten und ja, vielleicht machen wir mit 90 Jahren endlich Fortschritte. Das bedeutet, wir müssen nicht fertig sein, wenn wir anfangen und brauchen keine Erlaubnis von großen Schriftstellern und Verlegern, um schreiben zu dürfen. Der Science-Fiction Autor Ray Bradbury betont in seinem Klassiker „Zen in der Kunst des Schreibens", dass es kein Wundermittel beim Schreiben gibt und wenn es eins gäbe, wäre es das häufige Schreiben. Aus Quantität wird Qualität. Wenn wir viel schreiben, entdecken wir mit der Zeit unseren eigenen Stil. Wenn es anfänglich stockt, schreiben wir bald flüssiger. Wir warten nicht auf den richtigen Moment, wir geben uns nicht der Illusion hin, talentiert genug zu sein. Viel wichtiger als Talent ist Übung, Disziplin und Durchhaltevermögen. Vergeuden wir keine Zeit mit dem Warten auf die Muse, sondern schreiben wir öfter am Tag für je 10 Minuten frei! Dabei denken wir nicht an die Kurzgeschichte, die wir einreichen wollen und auch nicht an den genialen Roman, auf den die Welt wartet. Kritzeleien oder Zeichnungen am Rand sind hier erwünscht. Schreiben von völligem Unsinn ebenfalls.

- Schreib früh morgens 10 Minuten schnell und ohne den Stift abzusetzen, Unsinn. Das einzige Merkmal ist, es darf keinen Sinn ergeben. Wer das ein paar Mal gemacht hat, wird es schätzen lernen, denn es beinhaltet eine Fundgrube an kreativen Ansätzen.
- Schreib einen Text im Takt mit dem Ticken der Uhr oder dem Meeresrauschen (im Netz gibt es Videos dazu)

Für sich schreiben

Für Alejandro Sanz, den großen spanischen Songwriter und Sänger, der mit dem Album „Más" das meistverkaufte Album in Spanien produziert hat, ist das Schreiben eine Notwendigkeit. Das Geheimnis seines Erfolgs erklärt er so, dass er immer für sich schreibt. Das ist das Beste, was er tun kann und was er immer schon tat, einfach für sich schreiben, denn „wenn du für dich selbst schreibst, versteht es jeder".

Was heißt das, für sich schreiben? Das Gegenteil wäre, für andere zu schreiben. Wenn wir für andere schreiben, sind wir im Kopf, wägen ab, was ihnen gefallen könnte und messen unseren Text an den Bewertungen anderer. Für sich zu schreiben, bedeutet, bei sich zu sein in dem Moment des Schreibens, still zu werden und die Worte aus der Stille aufsteigen zu lassen. Der Maßstab ist das eigene Gefühl. So sagt auch Alejandro Sanz, dass es nicht darauf ankommt, das zu tun, was zu tun ist, sondern es zu fühlen. Die Worte müssen gefühlt werden. Sie sind erst wahrhaftig und echt, wenn sie mit unserem inneren Wesen übereinstimmen.

Damit will ich nicht sagen, dass wir frei davon sind, unseren Text zeigen zu wollen, ihn mit anderen zu teilen, das ist vollkommen natürlich und wunderbar. In erster Linie sind wir jedoch nur uns selbst verpflichtet. Das bedeutet auch, unsere innere Schöpferquelle zu schützen vor zu viel Kritik und Bewertung, weil sie sonst zu versiegen droht. Der Sänger Nick Cave hat aus genau diesem Grund 1996 den MTV Award für „Bester männlicher Künstler des Jahres" abgelehnt. In einem Brief an MTV erklärte er das damit, dass die Beziehung zu seiner Muse dermaßen heikel sei, dass er sie nicht einem glitzernden Wettkampf aussetzen wolle wie einem Pferd beim Rennen. Die Gefahr, dass seine Muse scheut oder wegläuft, sei ihm zu groß.

Beim Schreiben für einen Wettbewerb, der wie gesagt vollkommen legitim ist, sollte man bedenken, dass das Thema vorgegeben ist und von Anfang an unter dem Gesichtspunkt der Bewertung steht, was innere Abwehr und Angst vor Ablehnung begünstigt. Das könnte der Auslöser dafür sein, dass wir beim Schreiben förmlich auf dem Trockenen sitzen. Das ist logisch, denn wir aktivieren damit die linke Seite unseres Gehirns, die für den Verstand, das Denken, verantwortlich ist und nicht die rechte Seite der

Intuition und Kreativität. Um beide Gehirnhälften miteinander zu verbinden, braucht es das Freie Schreiben, einen Spaziergang im Wald oder die Meditation. Und wenn durch diese innere Einkehr kreative Ideen zu dem Thema entstehen, denkt daran, schreibt nur für euch. Wenn es jemand anderem gefällt, umso besser. Wenn nicht, weiterschreiben!

- Schreib einen peinlichen Text
- Schreib nach dem Impuls: Das Schreiben spricht

Bereit sein, zu versagen

Wie wichtig es ist, sich der Angst vor dem Versagen zu stellen, schildert der Drehbuchautor von „Game of Thrones" Bryan Cogman in der Dokumentation „Das kreative Gehirn". Die wichtigste Fähigkeit, die ein Autor haben sollte, sei die Bereitschaft, zu versagen. Er erklärt seine anfängliche Schreibblockade damit, dass er zu sehr an seinen Worten festhielt, weil *er* sie geschrieben hatte. Und wenn er den Text danach nicht mochte, mochte er sich selbst auch nicht mehr. Erst als er die Worte und unzähligen Sätze loslassen konnte und sich zugestand, versagen zu dürfen, lief der Text aufs Blatt. Ich denke, Stephen Kings berühmter Tipp zur Überarbeitung der Texte: „Kill your darlings!", weist auf die Notwendigkeit eines Schriftstellers hin, sich nicht allzu ernst zu nehmen.

John Steinbeck umging diese Angst vor dem Versagen bei seinem Roman „Jenseits von Eden", indem er ihn für seine beiden kleinen Söhne schrieb. Die autobiografisch angelehnte Familiengeschichte aus drei Generationen wurde zu seinem Herzensprojekt. Die innere Notwendigkeit, diese für seine Söhne festzuhalten, half ihm dabei, den inneren Kritiker auszuschalten.

- Schreib einen Text in einem Genre, das dich überhaupt nicht interessiert
- Schreib einen Text anhand von Notizen auf einem Einkaufszettel oder Schmierblatt

Hunger ist eine gute Disziplin

Das Buch „Paris – Ein Fest fürs Leben" von Ernest Hemingway entstand erst kurz vor seinem Tod und basiert auf den Tagebucheintragungen aus seiner Zeit in Paris nach dem Ersten Weltkrieg. Er hatte aus eigenem Antrieb mit dem Journalistenjob Schluss gemacht, um an seinen Geschichten schreiben zu können. Da er zu dieser Zeit damit noch kaum Geld verdiente, streifte er oft hungrig durch die Straßen der Stadt, in denen es keine Bäckereien gab, damit er nichts Essbares sah und roch. Meistens zog es ihn in den „Jardin du Luxembourg", wo er im Museum die Bilder von Cézanne bewunderte, die er nach seiner Meinung durch den Hunger viel klarer und schärfer wahrnahm.

Es ist für Hemingway die Zeit des künstlerischen Austausches in den Cafés, aber auch eine wichtige Zeit, seinen neuen Schreibstil zu finden. So berichtet er von seiner neuen Theorie, „nach der man alles weglassen könne, wenn man es bewusst tat und es die Geschichte verstärke, und man die Leser dadurch mehr fühlen ließ, als sie verstanden". Es brauche nur Zeit und man müsse Vertrauen haben. Wenn er sich dennoch Sorgen machte, sagte er sich: „Schreib den wahrsten Satz, den du weißt". Von diesem ersten wahren Satz aus schrieb er weiter. Für die dazu erforderliche Disziplin belohnte er sich, indem er danach mit diesem „wunderbaren Gefühl" umherwanderte.

- Schreib einen wahren Satz als Anfangssatz und von da aus weiter

Im Rausch des Schreibens

Der Filmemacher, Drehbuchautor und Schriftsteller Alexander Kluge gewann zahlreiche Auszeichnungen, unter anderem den Goldenen Löwen von Venedig. In einem Interview sagt er, dass der Text klüger ist als der Autor, ganz einfach, weil dieser aus einem anderen Bewusstsein heraus schreibt und zwar aus einem Stadium der Selbstvergessenheit. „Ein Autor ist nicht dazu da zu verstehen, was er geschrieben hat. Ein Komponist, der Noten notiert, weiß auch nicht, was er tut", ergänzt er.

Wir treten beim Schreiben als Person zurück, um uns in der Stille als höheres Selbst wiederzufinden. Der innere Raum öffnet sich und wir gehen eine Beziehung ein mit dem Wort, das wahrhaftig ist, pur, echt. Schreiben sei Luxus, „nur Gerettete schreiben", ergänzt Kluge.

Am Ende des Interviews wird er gefragt, ob er beim Schreiben rauschhafte Momente erlebe und er erwidert, dass er sich selbst ja nicht beim Schreiben beobachtet: „Erst wenn ich vom Schreibtisch aufstehe und auf die Toilette gehe, merke ich den Triumph, mittendrin zu sein". Diesen Triumph lohnt es auszukosten, immer und immer wieder.

- Schreib über das, was du liebst

Das Anschreiben gegen das Dunkle

Die in Worten eingefangene Wahrheit

Im Alter von 95 Jahren verstarb dieses Jahr der schweizerische Dichter Philippe Jaccottet. Er lebte 70 Jahre mit seiner Frau, einer bekannten Malerin, im provenzalischen Grignan. Sein Werk bedient sich immer wieder den Bildern aus der Natur, es ist geprägt durch die einfachen Beobachtungen dieser an Schönheit satten Landschaft. Sein zuletzt erschienenes Werk heißt „Die wenigen Geräusche" und zeugt davon, dass sein Wunsch nach Schreiben und Stille mit dem Alter immer mehr zunahm. Seine späte Prosa ist gekennzeichnet durch knappe Fragmente, die an Haikus erinnern. Auf der Suche nach dem Sein, fernab von langen Umschreibungen und Schnörkeleien, lag ihm daran, das Unmittelbare zur Landschaft wortkarg einzufangen und so dem Leser die Möglichkeit zu geben, den Worten nachzuhorchen. Jaccottet war überzeugt davon, dass Poesie sowohl dem Poeten als auch dem Leser Trost schenken kann. So empfahl er ein „Anschreiben gegen das Dunkle", denn Worte könnten jenes andere Sein zum Schwingen bringen. Die in Worten eingefangene Wahrheit ist bei ihm „das Ent-deckte, das Ent-schleierte" und zeit seines Lebens versuchte er, dieser Wahrheit auf möglichst einfache Art auf den Grund zu gehen.

- Schreib nach den Titeln Jaccottets Bücher: „Die wenigen Geräusche", „Gedanken unter den Wolken" und „Antworten am Wegrand"

Der Zugang zur Seele

Ich blicke auf den See, der sich nur bei genauem Hinschauen von dem Wald dahinter abhebt. Selbst im Himmel finde ich heute keinen Halt, alles verschwimmt in einem Nichts aus Grauschattierungen. Im März fehlen mir Licht und Farben, besonders das Grün. Wenn ich an solchen Tagen meinen Unmut darüber kundtue, mag ich es überhaupt nicht, wenn man mir auf Kommando einen Spruch mit hohlen Worthülsen und auswendig gelernten Sprüchen präsentiert. Wie aus einer Schleuder springt diesen Leuten der allzeit beliebte Ratschlag aus dem Mund: „Du musst dich selbst lieben!", als ob es das neueste Rezept für einen Butterkuchen wäre. Das Fatale daran, es suggeriert, dass Lieben etwas ist, das wir tun können. „Lieb dich doch mal" ist eine paradoxe Aufforderung.

Liebe ist eine Folge von etwas. Wir können viel tun, um bewusster zu werden und sicherlich entspannter und liebevoller, aber die menschliche Seele ist auch damit nicht vollends zu ergründen. Der Zugang zur Seele und damit der allumfassenden Liebe hat eine geheimnisvolle Tür ohne passenden Schlüssel. Wir können immer nur so viel in uns freilegen, bis sich die Tür zu diesem Geheimnis einen Spalt breit von selbst öffnet. Zu schreiben ist der Versuch, für das Geheimnis Worte zu finden und je nachdem, wie nah wir an die Stille dazwischen herankommen, desto intensiver wird der Leser berührt sein. „Ja, das Wort ist der Anfang von allem: das Wort ist das Heiligtum der Seele", schreibt Lew N. Tolstoi 1885 an seinen Freund Urussow.

- Schreib über den göttlichen Funken

Das Leben spüren

Die Schriftstellerin Charlotte Link verlor nach schwerem Krebsleiden ihre Schwester und verarbeitete diese Zeit, in der sie sie intensiv begleitete, schreibend. Daraus entstand das Buch „6 Jahre". In einem Interview sagte sie, dass Weiterleben bei ihr nur durch das Schreiben möglich war. Schreiben hat in diesem Sinne eine Beschützerfunktion. Es hält unser Inneres zusammen, wenn äußerlich alles auseinanderbricht. Wenn wir den Stift weglegen, sind wir für kurze Zeit orientierungslos und dort kann sich alles wieder neu ordnen und ausrichten.

Eine Form des heilenden Schreibens hat der Forscher James W. Pennebaker mit dem Expressiven Schreiben entwickelt. Er rät dazu, ein als traumatisch empfundenes Erlebnis durch Schreiben zu ergründen und dadurch in dem Geschehenen Frieden zu finden. Wenn wir 4 Tage hintereinander für 20 Minuten über das Erlebte schreiben, kann sich Verhärtetes und Verdrängtes lösen und durch die Auseinandersetzung mit den Gefühlen ordnet es sich in unser jetziges Leben ein. Das Expressive Schreiben dient der Bewusstmachung eines größeren Zusammenhangs und damit der Konfrontation mit der Hilflosigkeit und Ohnmacht, die zu einer Ermächtigung für das Auf und Ab des Lebens führt. Peter Handke sagte einmal, er spüre das Leben nie so sehr, als wenn er schreibt. Beim Heilenden Schreiben werden wir wieder zum wahren Leben erweckt.

- Vergleiche den jetzigen Augenblick mit einem Bild oder Gefühl und schreib darüber

- Vergleiche dunkle Gefühle mit einem Berg, der plötzlich vor dir auftaucht

Die einsamen Wölfe

Für die vielen Millionen Leser von „Der Fänger im Roggen" von J.D. Salinger war die Hauptfigur, der 16jährige Holden Caulfield, der sich nach einem Rauswurf aus dem Internat durch die Straßen von New York treiben lässt, eine Offenbarung. Sie empfanden es als große Erleichterung, zu wissen, dass sie in ihrer Rebellion und Andersartigkeit nicht so allein waren, wie sie dachten. Sie glaubten, wenn Holden dieses Verrückte in mir endlich ausspricht, bin ich vielleicht weniger verrückt, als ich dachte. So wie Holden konnten sie sich nicht einfügen in die aus ihren Augen verlogene Welt der Erwachsenen, die nur auf Geld, Erfolg und Anerkennung ausgerichtet war. William Faulkner, ein glühender Bewunderer Salingers, schreibt über Holden, er sei für viele „ein Mitverschwörer gegen die Tyrannei einer gleichgültigen Welt".

Mit der Nähe seiner Bewunderer konnte J.D. Salinger zeitlebens nicht umgehen. Er publizierte nicht mehr und zog sich zurück in das kleine Cornish, was viele Fans trotzdem nicht davon abhielt, ihm überall aufzulauern. Die Identifikation mit seiner Hauptfigur wurde für ihn zunehmend zu einem Problem. Immer wieder erklärte er den Jugendlichen, dass er nur ein Schriftsteller sei und kein Psychiater. Er schrieb an eine ehemalige Freundin: „Ich wünschte, ich könnte mich ihnen (den Lesern) näher fühlen. Sie tun so, als würden sie sich mir nahe fühlen, und das irritiert mich und zugleich empfinde ich Schuldgefühle."

Auch ich bin als Jugendliche von diesem Buch in den Bann gezogen worden, ich würde niemals meine Ausgabe abgeben, weil Holden immer noch für mich zwischen den Zeilen lebendig ist. Seine Verzweiflung an der Trennung zu der übrigen Welt, seine daraus resultierende Verletztheit und Einsamkeit wirkten so echt auf mich, weil Salinger es verdammt gut verstand, zu schreiben.

Und wie nach seinem Tod durch seinen Sohn Matt klar wurde, hat er sein ganzes Leben hindurch weitergeschrieben und war währenddessen und danach immer glücklich. Bei ihm kann man sagen, das Schreiben war das, bei dem er diese Nähe empfand, die er oft im Umgang mit Menschen vermisste.

- Schreib über einen Ort, an dem du dich niemals einsam fühlst

Die Wut in Worte verpacken

Wie trügerisch mein eigener innerer Frieden sein kann, habe ich erst kürzlich erlebt. Ich bin im Wald, es dämmert schon. Ich hole an einem Baumstamm den Notizblock aus meiner Hosentasche und komme mir vor, wie eine echte in mir ruhende Poetin, während ich Worte über einen Baumstamm aufs Papier bringe. Diese Stille, die Vögel, herrlich. Da! Ich schrecke zusammen, mein Hund stellt seine Ohren auf und hört mit dem Schwanz auf zu wedeln. Wir gucken uns an, dann Richtung unterer Waldweg. Von da aus ertönt ein Höllenlärm, ich vermute Motorräder, zögere aber. Es wird lauter, dazu schrilles Gelächter, das immer näherkommt. Plötzlich tauchen zwischen den Bäumen zwei Quads auf, die offensichtlich ein Rennen veranstalten. Meine Ruh ist hin, würde Goethe sagen. Mit

Recht. In mir beginnt es zu pochen, ich schleudere üble Schimpfwörter nach unten, aber die verfangen sich zwischen den Ästen. Fin und ich rennen los, bereit zum Angriff, wenigstens verbal. Ich kriege sie an der nächsten Ecke, an der sie gerade gewendet haben und wieder zurückfahren wollen. „Das kann ja wohl nicht wahr sein", schreie ich. 2 Mädchen auf dem einen, 2 Jungen auf dem anderen Quad, eins mit Nummernschild, eins ohne. „Das ist niemals erlaubt, wieso hat das da kein Nummernschild?", ich schreibe mir das Kennzeichen des anderen zitternd auf den Block. Der Junge erwidert möglichst gelassen: „Wieso? Das sind öffentliche Wege." Er dreht sich um, gibt Gas und fährt los, die Mädchen hinterher, sind aber so nervös, dass sie ein paar Meter weiter den Motor abwürgen und nur zögerlich dahintuckern.

Fin guckt wieder zu mir hoch, als wollte er sagen: Frechheit! Ich zittere am ganzen Körper und muss doch plötzlich an ein Seminar mit dem Psychologen Robert Betz denken, der einmal sagte: Wenn ihr euch besonders erleuchtet fühlt und meint, ihr hättet irgendetwas verstanden und ihr wäret weiter oder besser, dann stellt euch vor, eure Mutter stünde sonntags morgens mit einem Koffer vor der Tür, spätestens dann ist eure Erleuchtung dahin. Bei mir hatte die poetische Stimmung ein Ende, aber ich ließ mich dennoch nicht von der Wut vergiften.

Wut trennt uns vom Leben, es vergiftet uns, nicht die anderen, die uns wütend machen. Umso hilfreicher ist es, in ein Heft nicht länger als 10 Minuten das zu schreiben, was einen ärgert und warum. Dies sollte ohne inneren Zensor geschehen, wir dürfen hier gemein, ungerecht und flegelhaft sein. Wenn die Wut in Worte verpackt ist, kann man sie getrost und entspannt wegschicken. Wenn man das Geschriebene am anderen Tag nochmal liest, entdeckt man meistens das, worum es einem eigentlich ging, und kann sich dem stellen.

- Schreib nach dem Impuls: Ein merkwürdiges Ende

- Schreib nach dem Impuls: Ein Tag ohne Grenzen

Sauerkraut für die Seele

Meine Freundin erzählte mir von einem Hausmittel für ihren Hund, der, aus welchen Gründen auch immer, Scherben verschluckt hatte. Sie gab ihm Sauerkraut ins Essen, die langen Fäden wickelten sich um die Scherben und so konnten sie beim nächsten Stuhlgang mit hinaus transportiert werden. Ich war sofort fasziniert: Sauerkraut für die Seele! Wenn es etwas gäbe, das sich um all unsere zerbrochenen Träume und Ideale oder um all die quälenden Gedanken und Gefühle wickeln würde, damit es möglichst schnell wieder aus uns hinausgespült würde, bräuchten wir nicht jammern oder grollen. Wir könnten das annehmen, was in uns zerbrochen ist und uns so selbst von den Scherben befreien.

Unser Sauerkraut ist das Schreiben, denn das Aufschreiben all dessen, was an Urteilen in uns ist, dient dem Bewusstmachen von Gedanken. Wir werden zum Beobachter der Gedanken und können uns von ihnen distanzieren. Somit hätten wir den ersten Schritt zur ehrlichen Bestandsaufnahme getan. Wenn die Gedanken schwarz auf weiß vor uns auftauchen, nehmen wir sie an und damit uns selbst, wie wir sind. Irgendwann seufzen wir auf und atmen befreit die Schwere oder nervöse Unruhe aus, die den Kanal zur Liebe und zu dem Vertrauen in das, was ist, verstopft hat.

- Schreib nach dem Impuls: Im Leben seinen Platz einnehmen
- Schreib nach dem Impuls: Das Leben hat mich wieder

Ursprungserinnerungen

Wenn alte Erinnerungen uns im wahrsten Sinne des Wortes im Hals stecken bleiben, liegt das daran, dass wir wieder zum Kind werden, das vor Angst oder Ohnmacht die Luft anhält und vergisst auszuatmen. Wenn wir erwachsen sind, haben wir in manchen Situationen immer noch das Gefühl, etwas legt sich um unseren Hals, etwas schnürt uns die Kehle zu. Wie ein verletzter Hund, der immer wieder an seiner Wunde leckt, neigen wir dazu, alte Wunden wieder und wieder aufzureißen. Und während beim Hund nur eine Halskrause hilft, damit die Wunde abheilen kann, hilft bei uns eine Zeit der stillen Bewusstmachung, um alte Bilder und Gefühle anzunehmen.

Der Neurowissenschaftler Antonio Demasio spricht von Ursprungserinnerungen, die im Zellgedächtnis meist bildlich verankert sind. Die unbearbeiteten Erlebnisse unserer Vorfahren, die vor allem von Krieg und Zerstörung geprägt sind, schlummern nach diesen Erkenntnissen genauso in uns wie unsere eigenen Erlebnisse. Die Folgen sind unerklärlich starke Gefühlsregungen wie starr vor Angst zu sein oder sich vollkommen allein und ohnmächtig zu fühlen.

Dr. Alex Loyd, der Autor von „Innere Heilung", spricht in diesem Zusammenhang vom Leben-Tod-Mechanismus, sobald sich diese Ursprungserinnerungen bemerkbar machen. Wenn wir eine unbewusste Erinnerung als lebensbedrohlich abgespeichert haben, reagieren wir im alltäglichen Leben auf eine harmlos erscheinende Situation, als ob wir sterben müssten. Je mehr wir uns bewusst an Dinge aus der Kindheit erinnern und sie in Beziehung setzen können zu starken Gefühlen, die wie aus dem Nichts kommen, desto wahrscheinlicher ist es, dass wir Traumata heilen. Übungen zum Biographischen Schreiben können bei dieser Heilung sehr wertvoll sein.

- Schreib über das, woran du dich aus der Kindheit am deutlichsten erinnerst
- Schreib mehrere Sätze nach dem gleichen Satzanfang: Denk ich zurück an..., fühle ich...
- Schreib nach dem Impuls: Im Schatten stehen
- Beschreibe dein Zuhause als Kind anhand eures damaligen Kühlschranks. Wie sah er aus, groß oder klein, weiß oder rot? War er leer oder voll, wurde abends noch heimlich daraus gegessen?

Lebensübergänge

Ich erinnere mich an den Staffellauf beim Sport in der Schulzeit, bei dem der Stab von Läufer zu Läufer weitergegeben wurde. Bevor man selbst loslief, wartete man mit nach hinten ausgestrecktem Arm, um möglichst schnell an den Stab des Vorläufers zu gelangen und ihn sicher ins Ziel zu bringen. Die Übergabe des Stabes erforderte Aufmerksamkeit und Konzentration, damit er nicht hinfiel. Wenn wir unser Leben wie einen Staffellauf betrachten, findet alle 7 Jahre ein neuer Abschnitt statt, der mit vielen Veränderungen einhergeht. Wir selbst tragen den Stab von einem Abschnitt zum nächsten und es macht einen großen Unterschied, wenn wir dies konzentriert und ruhig tun und ihn uns nicht aus der Hand nehmen lassen.

Dieser Stab symbolisiert auch das, was sich bei allen Umbrüchen und Veränderungen nicht ändert, er ist der feste Kern, der uns durch jeden neuen Lebensabschnitt trägt.

- Teile ein Blatt Papier quer in Linien ein, oben schreibst du 1-7 Jahre, 7-14 Jahre usw. hin, immer in Abständen von 7 Jahren, die mystische Zahl, die meist einen Wechsel im Leben andeutet. Darunter notiere Orte, Personen, besondere Erlebnisse oder Berufe, die in die Zeit passen. Gibt es beim Blick auf das Papier einen roten Faden, der sich durch dein Leben zieht? Schreib darüber

- Lass deine Lebensbereiche wie Fotos auf einer Bilderwand kurz an euch vorüberziehen und beschreibe sie mit einzelnen Worten und finde für jeden Bereich eine Bildüberschrift

Den Verstand verlieren

Ich erinnere mich an meine ersten Kommunikationsseminare. Bei jedem dieser Kurse hatte ich eine Teilnehmerin, die alles bereits wusste. Zu meinem Leidwesen saß sie oft mittig hinten mit direktem Blick auf mich. Jedes Buch zum

Thema war schon gelesen worden und ungeduldig wartete sie darauf, etwas Neues zu erfahren. Unbewusst hielt sie das für unmöglich, denn sie wusste ja alles.

Ich frage mich, ob es wirklich darum geht, möglichst viel zu wissen. Geht es nicht darum, bewusster das wahrzunehmen, was bereits da ist und immer da war? Steckt hinter dem Anhäufen von Wissen nicht eher die Angst, die Kontrolle zu verlieren? Wie in einer Achterbahn, versuchen wir uns bei hoher Geschwindigkeit am Rand festzuhalten, um nicht rausgedrängt zu werden. Wir strengen uns an, um eine halbwegs aufrechte Position beizubehalten, nur um in der nächsten Kurve wieder in die Ecke geschleudert zu werden.

Wenn wir einsehen, dass wir das Leben nicht im Griff haben, macht es vieles leichter. In dem Film „Der Pfad des friedvollen Kriegers" spielt Nick Nolte den geheimnisvollen „Sokrates", der den Kunstturner Dan Millman als spirituellen Lehrer auf seinem inneren Weg begleitet. Der Film basiert auf der Autobiographie Millmans, ein ehemaliger Trampolin-Weltmeister, der als spiritueller Lehrer und Mentor tätig ist. In einer Filmszene wirft „Sokrates" Millman kurzerhand von einer kleinen Brücke in einen flachen Fluss. Als dieser nass aus dem Fluss steigt, fragt ihn „Sokrates", an was er in dem Moment gedacht hat, als er in den Fluss gefallen ist. Millman antwortet: „An nichts vermutlich" und wirft ihm vor, er hätte wohl endgültig den Verstand verloren. Sokrates antwortet: „Daran habe ich mein ganzes Leben gearbeitet".

Ab und zu den Verstand zu verlieren, ist die Voraussetzung für spirituelles Wachstum. Fernab von Raum und Zeit und den damit verbundenen Wertungen und Ansichten, versinken wir beim Schreiben in die Stille und erschaffen etwas von bleibendem Wert.

- Schreib über ein freies Paradies
- Schreib über friedvolle Krieger, deren Schlachten im Inneren stattfinden

Durch den Riss fällt das Licht

Es war mein Samstagskurs, an dem ich wie immer eine Stunde vorher am Schreibtisch sitze, vor mich hinkritzele, lese und auf meine Inspiration für die Schreibimpulse warte. Ich hatte längst etwas vorbereitet, aber ich weiß mittlerweile, dass kurz vorher etwas ganz anderes auftaucht, das ich mit einbauen kann. Plötzlich fiel mir ein Vortrag ein von einem Psychiater, der über seine Arbeit sprach und darin eine Übung vorstellte, die er gerne zu Beginn einer Therapie machte. Er legte ein Blatt Papier vor die Klienten und ließ sie es zerknüllen. Dann sagte er mit Blick auf das Papier: „Das hier ist ihr Leben".

Das schien mir die ideale Übung für meine heutige Schreibgruppe zu sein. Ich ließ die Teilnehmer ein Blatt zerknüllen, sagte ihnen, das sei ihr Leben und ließ sie es auseinanderfalten, betrachten und darüber schreiben. Es war eine wunderbare Atmosphäre und da ich selbst mitmachte, auch für mich ein einschneidendes Erlebnis, obwohl ich die Übung kannte.

Mein erster Impuls zum zerknüllten und auseinandergefalteten Blatt vor mir, war stille Rührung. Es sah aus wie ein Kunstwerk, mir gefielen die rauen Stellen, die Unebenheiten, die Knicke, die Schatten. Es war in seiner Einzigartigkeit und Originalität wunderschön. Zudem fiel mir rechts unten eine große glatte Fläche auf, ein Freiraum, der noch unberührt schien. Ich starrte auf das Blatt und es fühlte sich an wie eine Offenbarung. Gerade die Unebenheiten und Knicke ergaben mein persönliches Lebensblatt und ich hatte Freiraum, der noch zu gestalten war.

Die Risse des Lebens besingt Leonhard Cohen: „There is a crack, a crack in everything. That´s how the light gets in". Die Risse in unserem Leben sind die Voraussetzungen für das einfallende Licht. Dieses Licht hat mir gezeigt, dass nur ich allein mit diesem unperfekten Leben zufrieden sein muss, niemand sonst. Wenn ich mich der Unvollkommenheit stelle, brauche ich vor anderen keine für mich stressige Scheinwelt zu erschaffen. Wenn ich in Frieden bin mit allem, was geschehen ist und noch geschehen wird, kann in mir ein wahres Feuerwerk beginnen. Das eindringende Licht fällt auf etwas, das mich in allen Unebenheiten und Rissen begleitet hat, etwas, das tief in mir verankert ist und auf das ich immer wieder neu bauen kann. Und das erfordert Eigensinn, ein sich Abgrenzen von anderen, das Werden eines Originals wie in der japanischen Kunst. Kintsugi, auf Deutsch „Goldverbindung", nennt man die zerbrochene Keramik, die mit Lack und Goldstaub wieder zusammengefügt wird. So werden Scherben zur Kunst: Risse, Narben und Bruchstücke werden vergoldet und erscheinen im neuen Glanz.

Ich habe dieses Blatt, wie viele der Teilnehmer auch, in meinem Nachtschrank aufbewahrt, damit ich mich immer daran erinnere. Als ich es vor Kurzem wieder zur Hand nahm, wurde mir klar, dass das Blatt an sich natürlich auch eine Grenze ist. Wenn wir nicht über das Blatt hinauskommen, bleiben wir auf dem Blatt gefangen. Was ist hinter dem Blatt, jenseits davon? Ihr seht, es gibt viel zu entdecken bei dieser Schreibübung.

- Zerknülle ein leeres, weißes Blatt Papier und schreib über dein individuelles Lebensblatt

Vor lauter Angst so träge

In der österreichischen Landkrimiserie „4 Frauen und 1 Todesfall" mit Adele Neuhauser gibt es eine Szene, als sie zum Pfarrer beichten geht und ihn irgendwann genervt anschnauzt, er solle jetzt Tacheles mit ihr reden, weil 10-mal „Maria Mutter Gottes" ihr nicht helfen würde. Der Pfarrer schnauzt zurück: „Es gibt dich und Gott und Gott schickt dich zwar nicht zum Teufel, aber er vergibt dir nur, wenn du selbst was unternimmst. Und was, das weißt du ganz genau!"

Ich bin der Meinung, dass jeder ganz genau weiß, was er will und was seinem Wesen entspricht. Aber wir haben uns von unseren Ängsten einfangen lassen, die uns hin- und hertreiben, wir bauen lieber auf sicherem Boden, als hoch hinaus in den Himmel zu fliegen. Irgendwann merken wir nicht einmal mehr, dass aus den Ängsten schwere Ketten geworden sind, die sich verstecken in Trägheit, Lustlosigkeit und Einfältigkeit. In dem Gedicht „Der Panther" von Rainer Maria Rilke blickt das wilde Tier müde durch die Gitterstäbe, seiner Freiheit und Lebenskraft beraubt. Es dreht sich nur noch im „allerkleinsten Kreise".

Ich erinnere mich an eine Kollegin, die mit mir zusammen online schreibt. Es war ein kalter klarer Februartag und sie steckte in einer weißen dicken Skijacke, die bei jeder ihrer Bewegungen knisterte. Sie schrieb auf dem unbeheizten Dachboden, weil sie nur dort die nötige Ruhe hatte, ihren Text ungestört zu überarbeiten. Sie lächelte und war tief versunken, als sie schrieb. Sie erzählte mir nach der Stunde, dass sie merke, wie sie immer besser werde und es ihr in erster Linie um die Freude am Schreiben gehe.

Sie hat sich für die der Kreativität innewohnenden Freiheit entschieden. Dafür ist sie bereit, einen Preis zu zahlen und sei es nur an einem Samstagmorgen frierend auf einem Dachboden zu sitzen und Texte zu überarbeiten. Diese Bereitschaft, einen Preis zu zahlen, brauchen wir, sonst knicken wir bei jeder Herausforderung ein. Schriftsteller sein zu wollen, ist eine Entscheidung, mitunter eine merkwürdige, weil es meistens eine einsame Tätigkeit ist, aber es ist eine Entscheidung, die wir, wenn wir sie nicht bewusst treffen, später bitter bereuen würden.

Um es mit Rilkes Worten zu sagen, lassen wir es nicht zu, dass in unserer Mitte „betäubt ein großer Wille" steht, sondern entfachen wir „durch der Glieder angespannte Stille" unsere Herzenswünsche.

- Schreib über deine Gitterstäbe, die dich vom Leben trennen
- Schreib darüber, was deinen Käfig öffnen könnte
- Schreib darüber, welchen Preis du für ein kreatives Leben zahlst

Wozu wir auf der Welt sind

Der österreichische Liedermacher und Musiker Hubert von Goisern sagte einmal: „Das Leben ist ein Annehmen der Talente, die man in die Wiege gelegt gekriegt hat, der Menschen, von sich selbst, des Ist Zustandes. Wenn du mit dem haderst, bist du schlecht aufgestellt." Wenn wir bereit sind, unsere Talente aufzuwecken und im Einklang mit unserer Persönlichkeit und unserem Wesen einzusetzen, verwirklichen wir das uns innewohnende Ziel. Es ist, als ob sich ein Kreis schließt und wir nach Dostojewski dem entsprechen, wie Gott uns gemeint hat.

Stephen King hatte mit knapp 50 Jahren einen schweren Unfall, von deren Folgen er sich nur langsam erholte. Den Körper in Einzelteile zerlegt, schreibt er, wusste er trotzdem instinktiv, was ihn wieder eint: das, was ihn am meisten glücklich macht, das, wozu er geschaffen wurde: das Schreiben. Also schrieb er weiter, obwohl die zahlreichen Operationen das Schreiben im Sitzen zu einer Qual werden ließen. Es sei eine Plackerei, sagt er, aber einzig beim Schreiben spüre er „diese freudige Erregung, dieses Triumphgefühl, wenn ich die richtigen Worte gefunden und in die richtige Reihenfolge gebracht habe." Und weiter: „Für mich bedeutet nicht zu schreiben Schwerstarbeit." Es sind unsere konzentriertesten und anstrengendsten Stunden, aber auch die fruchtbarsten und glücklichsten, die wir dem Werk widmen.

- Schau dir deine Freunde an: Welche Talente haben sie, leben sie sie aus? Es kann einfacher sein, von anderen auf sich zu schließen
- Schreib über einen Wandel, der über Nacht geschieht

Eine Vision

Niemand anderes als Henry David Thoreau, der 1845 in eine selbst gebaute Blockhütte am Walden-See einzog und dort 2 Jahre blieb, kann die Magie eines Sees so schön in Worte fassen: „Ein See ist der schönste und ausdrucksvollste Zug einer Landschaft. Er ist das Auge der Erde. Wer hineinblickt, ermisst an ihm die Tiefe seiner eigenen Natur."

2020 tauchte eine mysteriöse Aufnahme der NASA auf, die den Skutarisee, der zwischen der Grenze Albaniens und Montenegros liegt, zeigt. Dort sieht man ein gigantisches Strudelmuster, das sehr ungewöhnlich ist. Der so genannte Karstsee entstand durch Einbruch unterirdischer Höhlen von Gesteinen. Wenn man das Bild der Astronauten vom See sieht und Thoreaus Worte im Ohr hat, lädt das dazu ein, seiner Phantasie freien Lauf zu lassen:

Stellt euch vor, wir alle werden von Zeit zu Zeit nachts wie in Trance auf eine geheime Reise geschickt und landen am Ufer eines großen, klaren Bergsees. Dort stellen wir uns alle nebeneinander auf und blicken auf den im Mondschein magisch wirkenden See. In der Mitte hat sich ein kräftiger Strudel gebildet, der in Sekundenschnelle die Millionen umherwirbelnder Gedanken und Geschichten darüber, wer wir sind, was wir brauchen und tun sollten, zusammenzieht und nach unten verschwinden lässt. Augenblicklich seufzen wir auf und fühlen uns befreit und miteinander verbunden. Alles, was uns trennt, ruht nun auf dem Grund des Sees. Wenn wir morgens erwachen, können wir uns zwar nicht mehr an die Reise erinnern, wir fühlen uns aber befreit und friedlich und mit allem verbunden, was ist.

Je öfter wir innerlich aufbrechen, desto mehr verstehen wir, dass selbst das schlimmste Ereignis durch unsere Gedanken angefeuert wird und es erlischt, wenn wir es nachts dem See übergeben und es sich irgendwann wieder in das persönliche Lebensrad eingliedern lässt. Wir nehmen die Verbundenheit des See(len)lebens mit in den Tag und sind uns dessen bei allen Tätigkeiten, Begegnungen und Erlebnissen gewahr.

- Schreib über deine Vision
- Schreib über das Leben als Wundertüte

Was bleibt

Kunst ist zum Gestalten da

Auf einer Lesung erzählte mir die Besitzerin des Buchladens, dass sie vor kurzem einen seltsamen Kunden hatte. Er kaufte viele Bücher auf einmal, aber unter der Bedingung, sie müssten gelesen aussehen. Also blätterten sie und ihre Mitarbeiter regelmäßig die neuen Bücher Seite für Seite um und hauchten ihnen ihren Geist ein. Er muss geahnt haben, dass ungelesene Bücher nicht die gleiche geheimnisvolle Kraft ausstrahlen wie gelesene. Von ähnlichen Erlebnissen erzählen Maler, wenn Kunden ihre Bilder nach der Farbe auswählen, die zu ihren Sofas passen.

Ich erinnere mich an eine Szene, die ich auf einer Ausstellung miterlebt habe. Eine Frau schlich die ganze Zeit um ein Bild der Malerin herum und es gefiel ihr sichtlich. Die beiden kamen ins Gespräch und während die Malerin sich vor einem Kaufabschluss wähnte, fragte die Frau sie, ob sie dieses Bild nicht auch mit ihrer Hilfe selbst malen könne. Während der Malerin das Lächeln aus dem Gesicht fiel, jonglierte ich mein in Schieflage geratenes Sektglas wieder ins Gleichgewicht.

Der britische Street Art Künstler Banksy, den nie jemand gesehen hat und von dem man nur seine Graffitiwerke kennt, prangert diese so genannte Dekorationskunst an. Für ihn muss Kunst lebendig und echt sein und draußen mitten unter uns leben, wo sie den Menschen dient. Kunst hat für ihn mit der Kritik an der Gesellschaft zu tun und der Formung von Identitäten. Eins seiner berühmtesten

Bilder ist das Ölgemälde „Devolved Parliament", dass das britische Unterhaus während einer Debatte zeigt. Jedoch sieht man auf den grünen Sitzen keine Politiker, sondern Schimpansen. Dieses Gemälde wurde 2019 für 9 Millionen Pfund bei Sotheby`s in London versteigert.

Den öffentlichen Raum in New York benutzte er 2013 als Kunstfläche, als er aus Protest an der Massentierhaltung, einen echten Viehtransporter mit Plüschtieren ausgestattet, die aus den oberen Gitterstäben blicken, durch den Meatpacker District fahren lässt. Das irritiert und provoziert Menschen direkt in ihrem Alltag und im besten Falle bewegt es sie dazu, ihren maßlosen Verzehr an tierischen Produkten einzuschränken oder zu beenden.

- Schreib nach einem Kunstwerk von Banksy

Kunst trägt Verantwortung

Dieses Jahr wäre der Aktionskünstler und Bildhauer Joseph Beuys 100 Jahre alt geworden. Er nutzte die Kunst, um zu provozieren und scheute dabei keine Auseinandersetzung. Ganz im Gegenteil erwiderte er auf Kritik: „Lass sie doch wütend werden, so wird etwas lebendig in ihnen." Kunst sah er als ein Aufwecken, als eine Einmischung in die politischen und ökonomischen Verhältnisse. Nur im Nebensatz: Beuys forderte bereits 1967 einen Rechtstatus für Tiere und Pflanzen!

Generell spricht Kunst den Menschen in seiner Individualität an, deswegen ist sie für einen Staat, dessen Regime auf Gleichschaltung aus ist, gefährlich. „Widerstand und

Veränderung beginnen oft in der Kunst. Sehr oft auch in der unsrigen, der Kunst der Wörter", sagt die Fantasy-Autorin Ursula Le Guin. Die Friedensnobelpreisträgerin Malala Yousafzai sprach im Sommer 2013 vor der Jugendversammlung der Vereinten Nationen, nachdem sie schwer verletzt ein Attentat in ihrer Heimat Pakistan überlebt hatte. Sie war gerade einmal 16 Jahre alt, als sie diese starken Worte für das Recht auf Bildung für Mädchen fand: „Die Feder ist mächtiger als das Schwert. Ein Kind, ein Lehrer, ein Buch und ein Stift können die Welt verändern".

Wer ein Buch schreibt, sei es nun ein Sachbuch oder einen Roman, übernimmt Verantwortung. Der Autor entdeckt sich selbst im eigenen Werk und fordert den Leser dazu heraus, sich ebenfalls zu erkennen. Bücher öffnen eine andere Welt, rücken eigene Ansichten zurecht, liefern Fakten und Hintergründe, konfrontieren und provozieren, wecken Gefühle und ermuntern dazu, selbst kreativ zu werden. Wir lernen Empathie und Toleranz, indem wir uns mit dem Weltbild des Autors auseinandersetzen.

Der japanische Autor Haruki Murakami schreibt in seinem Buch „Von Beruf Schriftsteller" über die Studentenunruhen Ende der 60er Jahre in Tokio, an denen er zunächst aktiv teilnahm, dies aber beendete, als ein unpolitischer Student dabei ums Leben kam. Er spricht von dem bitteren Nachgeschmack dieser stürmischen Zeit in Hinblick auf Wahlsprüche und Botschaften ohne moralische Kraft. Man dürfe nie vergessen, dass Worte Macht haben, „aber sie sollten einer gerechten Sache dienen. Sie dürfen nicht allein für sich durch die Gegend spazieren".

Wir übernehmen eine Verantwortung, wenn wir künstlerisch tätig sind. Der Philosoph Richard David Precht weist auf die soziale Verantwortung eines jeden von uns hin, die Gemeinschaft lebendig zu gestalten und nicht nur als Konsument aufzutreten. Jeder müsse etwas in den gemeinsamen Topf geben, damit die Gesellschaft gedeihen kann. Lebendige Kunst bewirkt das, wovon Precht spricht: eine Gesellschaft formen, stärken und gestalten.

- Schreib über die Gesellschaft, so wie du sie dir wünschst

Geistige Freiheit

Ich kann mich an wenig aus meiner frühen Kindheit erinnern, aber an meine Grundschulzeit noch ganz gut. Eine Erinnerung daran ist sehr lebendig. Unser Lehrer hatte aus einem Buch vorgelesen, das ich unglaublich spannend fand. Ich wollte es unbedingt weiterlesen, denn es waren Geschichten, die aufeinander aufbauten. Der Lehrer bot das Buch zur Ausleihe an und sofort entstand eine lange Schlange vor dem Pult. Ich war nicht schnell genug. Die Wochen danach habe ich immer wieder bei dem Lehrer nachgefragt – vergeblich. Wenn ich heute darüber nachdenke, wundert es mich, dass sich das Erlebnis so tief bei mir eingeprägt hat. Ich könnte die Szene, als mein Lehrer auf dem Schreibtisch aus dem Buch vorliest, noch malen und auch mein Bemühen, danach bis zu ihm vorzudringen.

Heute ist es zum Glück üblich, in die Bücherei zu gehen, um sich Bücher auszuleihen. Vor kurzem las ich einen Zeitungsartikel über die deutsche Autorin und Journalistin

Jella Lepman. Sie hat ihr ganzes Leben dem Zusammentragen von Kinderbüchern in eine eigene Internationale Jugendbibliothek gewidmet. 1949 wurde diese in München eröffnet. Kinder durften sich dort das erste Mal Bücher selbst aus den Regalen nehmen und darin stöbern. Zudem konnten sie Autoren wie Erich Kästner interviewen, der dort sogar eine eigene Theatergruppe leitete.

Als Jüdin sah Lepman ihre Aufgabe darin, Kindern der Nachkriegsjugend erstmals unbegrenzten Zugang zu Büchern aus aller Welt zu gewähren. Bücher bedeuteten für sie neben Hoffnung vor allem Freiheit, eine geistige Freiheit, die einen Raum braucht, in dem sich Kinder ausprobieren dürfen. Sie war überzeugt davon, dass die traumatisierten Kinder durch Bücher anderer Länder und Kulturen ihre Stimme wiederfinden, um so den Erwachsenen den Weg in eine friedliche und demokratische Zukunft zu weisen.

Heute gibt es zahlreiche Förderprogramme, die Kinder neben dem Schulalltag an das Lesen und Schreiben und andere kreative Angebote heranführen wie z.B. Kultur macht stark, Kultur und Schule, Schreibland NRW oder den Kulturrucksack. Hier hat jedes Kind die Möglichkeit, Ideen in die Luft zu wirbeln und sie unter Lachen wieder einzusammeln. Freiheit, Freude und Fantasie bedingen einander. Kreativität beginnt da, wo Kinder über den Blattrand malen und spritzen dürfen, auf das Blatt wilde Kringel malen und Wörter riesengroß oder ganz klein schreiben, durcheinander oder aufeinander oder das Blatt knicken, rausreißen und damit etwas falten dürfen. Zu enge Grenzen fühlen sich an wie ein schlecht sitzendes Kostüm, bei dem man Angst hat, dass ein Knopf abreißt.

- Schreib auf ein DinA5 Blatt einen Brief. Schreib darüber noch einen Brief und darüber noch einen, bis nichts mehr zu erkennen ist

Wenn alles im ewigen Wechsel kreist

Niemand hat die Vergänglichkeit besser ausgedrückt als der Vorsokratiker Heraklit. Man kann nicht zweimal in denselben Fluss steigen, gerne übersetzt mit: Alles fließt. Um es etwas kompliziert, aber damit präziser auszudrücken: „Man kann nicht zweimal eine vergängliche Substanz in ihrer Individualität berühren, sondern sie ist durch die Schnelligkeit ihrer Umwandlung zerstreut und sammelt sie wiederum, und naht sie sich und entfernt sie sich". Der Fluss ist zwar in seiner Erscheinungsform veränderlich, aber in der Verwandlung bleibt sein Wesen bestehen.

Meine Mutter las die Zeitung immer von hinten nach vorne. Sie saß dabei auf dem Sofa, ein Bein lag auf einem Stuhl vor ihr. Sorgfältig feuchtete sie ihren Zeigefinger mit der Zungenspitze an und blätterte die Seiten auf ihrem Schoß um. Sie startete mit den Todesanzeigen und studierte sie, als ob darin eine tiefere Weisheit verborgen wäre. Anthony de Mello gibt in seinem Buch „Der springende Punkt" die tägliche Übung vor: Stell dir vor, du liegst im Sarg und betrachtest von hier aus deine jetzigen Probleme. Ich denke, das ist es, was meine Mutter als morgendliche Meditation gemacht hat. Sie bekam durch das Lesen der Todesanzeigen eine Ahnung vom Wert des Lebens, während sie nach vorne blätterte zu den Tagesnachrichten, die im Vergleich dazu an Bedeutung verloren.

Kurz vor ihrem eigenen Tod fuhr ich sie mit dem Rollstuhl durch den Park und setzte mich neben sie auf eine Bank. Sie war mit der Zeit immer stiller geworden, dabei wuchs ihre Aufmerksamkeit für andere Dinge, so als ob sie die Sprache einer anderen Welt übernommen hätte. Zwischen uns war eine fühlbare Dichte entstanden, die keinen Raum mehr für Worte hatte. „Und ob alles im ewigen Wechsel kreist, es beharret im Wechsel ein ruhiger Geist", schreibt Schiller. Oder, nach der argentinischen Sängerin Mercedes Sosa zu urteilen: „Solange wir singen (schreiben), leben wir noch".

- Schreib über Gottes Wartezimmer
- Schreib deine letzte Beichte
- Schreib über deine letzte Ruhestätte

Wohlan mein Herz!

Der schweizerische Dichter und Schriftsteller Robert Walser weist in dem Text „Der Schriftsteller" darauf hin, dass es wichtig ist, dem Leben kein missmutiges Gesicht zu zeigen. Wir sollen uns weder den Spott noch den Hass gestatten, weil uns diese Gefühle zu leicht die Lust am Schaffen rauben. Und weiter: „Der Schriftsteller liebt die Welt, denn er fühlt, dass er aufhört, ihr Kind zu sein, wenn er sie nicht mehr lieben kann".

Wenn wir schreiben, sind wir eng mit unserem inneren Kind verbunden. Als Kind geht es nicht um Folgen des Tuns, es geht um das Tun selbst. Als Kind sehen wir die Welt als ein immerwährendes Wunder, das sich im Entdecken und Ausprobieren zeigt. Wir zaubern Worte aufs Papier, mit denen wir die eher nüchterne Realität verändern können. Wir erschaffen Wunderbares, was es so noch nicht gibt oder nie geben wird. Nach Walser können wir mit Worten „Staunen erwecken und Tränen entlocken". Denkt nur an die Welt der Hobbits oder an die Hogwarts-Schule, die ganze Generationen verzaubert hat.

Die Faszination und Liebe für das Schreiben und die Kunst im Allgemeinen verzaubert unsere Welt, sie macht sie erst zu etwas Schönem, Wunderbaren, Lebendigen, an dem wir unsere kindliche Freude haben.

Wohlan mein Herz, erkenne die Wunder und schreibe!

Anhang

Ohne langes Nachdenken, im Vertrauen aufs Unbewusste, schreib zu jedem folgenden Wort 10 Minuten frei oder assoziiere neue Wörter, Sätze und Bilder, bis eine Geschichte oder ein Gedicht auftaucht, für das du natürlich mehr Zeit verwenden kannst.

Schreiben nach freiem Assoziieren

Atem

Flucht

Fels

Koffer

Treppe

Gewitter

Gürtel

Fundstück

Falle

Glitzerstaub

Aufwind

Geisterhaus

Gelächter

Trotz

Nebel

zähmen

flüstern

herumlungern

bloßstellen

scheinen

zumuten

vergraulen

tragen

wiegen

streicheln

saugen

lachen

Schreib 10 Minuten frei nach diesen Fragen:

Wo findet man dich, wenn man dich suchen würde?

Worüber willst du auf keinen Fall schreiben?

Was willst du wirklich und was passiert, wenn du es nicht bekommst?

Welche Träume gehen mit deinem Tod verloren?

Welches Versprechen gibst du mit deinem Leben?

Was ist für dich das Wertvollste auf der Welt?

Hier noch eine kleine Anregung für das Schreiben nach Sinnbildern:

- Schreib über dein Leben als Fluss mit allen Zuflüssen, Strömungen, Wendungen. Schreib darüber, ob du mit dem Strom schwimmst, dich treiben lässt, dich ein Strudel droht, mitzureißen
- Schreib über dein Leben als einen alten Holzschrank mit vielen Fächern, Verzierungen, kunstvollen Griffen, abgebrochenen Schlüsseln
- Schreib über dein Leben als ein Haus. Gibt es etwas Geheimes auf dem Dachboden oder im Keller, hat es eine Wendeltreppe, bröckelt die Fassade?
- Schreib über deine Gefühle einen Wetterbericht. Worüber liegt Nebel, kam es in letzter Zeit zu Überschwemmungen, hat ein Gewitter getobt oder ziehen sich gerade die Wolken dunkel über dir zusammen?

Erstelle spontan Listen zu den folgenden Impulsen:

- was dich zu Tode langweilt
- wovor es dir graut
- was du nie tun würdest
- was du noch erleben willst
- was du nicht riechen kannst
- was sich zu bewahren lohnt

Schreib 10 Minuten frei nach diesen Satzanfängen:

Manchmal denke ich...

Heute fühle ich mich, als ob...

Vielleicht sollte ich...

Es wundert mich immer wieder...

Manchmal vermisse ich...

Wenn ich allein bin...

Wenn die Suche endet...

Wenn die Seele schweigt...

Wäre die Welt ein ganz klein wenig...

Literatur zum Thema

Altemöller, Eva-Maria: Schreiben ist Gold. Münster 1998

Angstmann, Gustl: Schreiben hilft Leben. Freiburg 1989

Baldwin, Christina: Das kreative Tagebuch. Bern 1992

Beauvoir, Simone de: Die Welt der schönen Bilder. Reinbek 2001

Bradbury, Ray: Zen in der Kunst des Schreibens. Berlin 2003

Brande, Dorothea: Schriftsteller werden. Berlin 2001

Breton, André: Die Manifeste des Surrealismus. Reinbek 2004

Cameron, Julia: Der Weg des Künstlers. München 1996

Cameron, Julia: Von der Kunst des Schreibens. München 2003

Dörrie, Doris: Leben, Schreiben, Atmen. Zürich 2019

Düffel, John von: Wovon ich schreibe. Köln 2009

George, Elizabeth: Wort für Wort. München 2004

Gilbert, Elizabeth: Big Magic. Frankfurt a.M. 2015

Ginzburg, Natalia: Die Stimmen des Abends. Daraus: Mein Handwerk. Berlin 1984

Goldberg, Natalie: Schreiben in Cafés. Berlin 2003

Goldberg, Natalie: Wild Mind – Freies Schreiben. Berlin 2005

Hemingway, Ernest: Paris – Ein Fest fürs Leben. Reinbek 1971

Henkel, Paul: 52 Schreibübungen zum Stressabbau. Berlin 2017

Holiday, Ryan: Der ewige Bestseller. München 2018

Honigmann, Barbara: Das Gesicht wiederfinden. München 2006

Irving, John: Die imaginäre Freundin – Vom Ringen und Schreiben. Zürich 1996

Jeanmaire, Alexander: Der kreative Funke. Kreuzlingen 1997

Johnson, Richard L.: Ich schreibe mir die Seele frei.

Freiburg i.B. 1990

King, Stephen: Das Leben und das Schreiben. München 2011

Koelbl, Herlinde: Im Schreiben zu Haus. München 1998

Lamott, Anne: Bird by Bird – Wort für Wort. Berlin 2004

Loyd, Alex; Johnson, Ben: Der Healing Code. Reinbek 2014

Loyd, Alex: Innere Heilung. Hamburg 2020

Meier-Dell`Olivo, Rosemarie: Schreiben wollte ich schon immer.

Zürich 2008

Millman, Dan: Das kreative Tagebuch für den friedvollen Krie-ger. Bern 1999

Murakami, Haruki: Von Beruf Schriftsteller. Köln 2016

Nietzsche, Friedrich: Kritische Studienausgabe. München 1993

Oates, Joyce Carol: Beim Schreiben allein. Berlin 2006

Ortheil, Hanns-Josef: Der Stift und das Papier. München 2017

Ortheil, Hanns-Josef: Schreiben dicht am Leben. Berlin 2012

Ortheil, Hanns-Josef: Schreiben über mich selbst. Berlin 2014

Pennebaker, James W.: Heilung durch Schreiben. Bern 2019

Piepgras, Ilka (HG.): Schreibtisch mit Aussicht.

Zürich – Berlin 2020

Rainer, Tristine: Tagebuch schreiben. Berlin 2005

Rico, Gabriele: Von der Seele schreiben. Paderborn 1999

Rilke, Rainer Maria: Die schönsten Gedichte. Berlin 2016

Rilke, Rainer Maria: Briefe an einen jungen Dichter.

Frankfurt a.M. 1994

Salinger, J.D.: Der Fänger im Roggen. Reinbek 1986

Schalk, Gisela; Rolfes, Bettina: Schreiben befreit. Bonn 1986

Scharf, Christian: Schreiben Tag für Tag. Mannheim 2012

Schneider, Pat: Writing alone and with others. New York 2003

Schulte, Beatrix: Die Seelenfeder. Köln 2017

Schulte, Beatrix: Der Seele Trost. Köln 2018

Schulte, Beatrix: Pilgern – Ein Wegbegleiter. Ebook Amazon

Shields, David; Salerno, Shane: Salinger – Ein Leben. München 2015

Stein, Sol: Über das Schreiben. Berlin 2020

Steinbeck, John: Tagebuch eines Romans. München 1987

Tolstoi, Lew N.: Über Literatur und Kunst. Frankfurt a.M. 1980

Tschukowskaja, Lydia: Untertauchen. Zürich 2015

Ueland, Brenda: Die Lust zu schreiben. Frankfurt a.M. 2002

Usher, Shaun: Speeches of Note – Reden, die die Welt veränderten. München 2019

Usher, Shaun: Letters of Note – Briefe, die die Welt bedeuten.

München 2014

Usher, Shaun: Lists of Note – Aufzeichnungen, die die Welt bedeuten. München 2015

Werder, Lutz von, Schulte-Steinicke, Barbara: Schreiben von Tag zu Tag. Mannheim 2010

Woolf, Virginia: Ein eigenes Zimmer. Frankfurt a.M. 2003

FSC
www.fsc.org
MIX
Papier | Fördert
gute Waldnutzung
FSC® C083411

Zeitfracht Medien GmbH
Ferdinand-Jühlke-Straße 7
99095 Erfurt, Deutschland
produktsicherheit@kolibri360.de